C·H·Beck
PAPERBACK

Artur Weigandt

Für euch würde ich kämpfen

Mein Bruch mit dem Pazifismus

C.H.Beck

Originalausgabe

Wilhelmstraße 9, 80801 München, info@beck.de

www.chbeck.de
Umschlaggestaltung: geviert.com, Michaela Kneißl
Umschlagabbildung: Composing aus mehreren
Shutterstockmotiven
Satz: C.H.Beck.Media.Solutions, Nördlingen
Druck und Bindung: Druckerei C.H.Beck, Nördlingen
Printed in Germany
ISBN 978 3 406 84016 6

myclimate shape our future
FSC www.fsc.org MIX Papier | Fördert gute Waldnutzung FSC® C019821

verantwortungsbewusst produziert
www.chbeck.de/nachhaltig
produktsicherheit.beck.de

Die geschilderten Erfahrungen und Aussagen beruhen
auf tatsächlichen Begebenheiten. Aus Gründen des
Persönlichkeitsschutzes und zur Wahrung der Privatsphäre
wurden einige Namen und erkennbare Merkmale
verändert oder anonymisiert.

Für alle, die wissen,
dass Frieden mehr verlangt als Wünsche –
und für jene, die den Preis dafür noch nicht kennen.

Bewaffneter Friede

Ganz unverhofft auf einem Hügel
sind sich begegnet Fuchs und Igel.
Halt! rief der Fuchs, du Bösewicht!
Kennst du des Königs Order nicht!
Ist nicht der Friede längst verkündigt,
Und weißt du nicht, daß jeder sündigt,
der immer noch gerüstet geht!
Im Namen seiner Majestät,
komm her und übergib dein Fell!
Der Igel sprach: Nur nicht so schnell,
nur nicht so schnell!
Laß dir erst deine Zähne brechen,
dann wollen wir uns weitersprechen.
Und also bald macht er sich rund,
zeigt seinen dichten Stachelbund
und trotzt getrost der ganzen Welt,
bewaffnet, doch als Friedensheld.

Wilhelm Busch, Gedichte. Zu guter Letzt, 1904

Inhaltsverzeichnis

Vorwort

Vor dem Angriffskrieg war ich Pazifist – nicht aus Naivität, sondern weil ich glaubte, dass Gewalt nur neue Gewalt gebiert. Als der russische Angriffskrieg gegen die Ukraine begann, stemmte ich mich dagegen, schrieb als Journalist und Autor gegen diese Realität. Es fühlte sich an, als würde dieser Krieg mich innerlich zerreißen – bis ich die Fähigkeit zu schreiben verlor. Jeder Schuss, jeder zerfetzte Körper, jedes Bild von zerstörten Städten und zerbrochenen Leben ließ etwas in mir sterben. Ich konnte keinen einzigen Gedanken mehr fassen, der dieser Realität gerecht wurde. Doch Schweigen war keine Option.

Um wenigstens einen kleinen Beitrag zu leisten, schloss ich mich als Dolmetscher der Ausbildungsmission am Leopard 1-Panzer an. Dort, mitten im Training der ukrainischen Soldaten, wurde ich mit einer neuen Wirklichkeit konfrontiert – einer Welt voller Paradoxien.

Wir, die Dolmetscher – im Militär nannte man uns Sprachmittler – stammten aus den verschiedensten Winkeln Europas, aus den unterschiedlichsten sozialen Milieus und hatten jeweils eine ganz eigene Berufung. Einige von uns waren wie Söldner, getrieben von der Gier nach schnellem Geld. Andere wiederum waren Idealisten, beseelt von der Überzeugung, mit ihrer Sprache einen Funken Veränderung in diesen Krieg tragen zu können. Sie spendeten einen großen Teil ihres Einkommens an die ukrainische Armee. Die Tage und Monate vergingen. Ich fuhr auf den Panzern mit und übersetzte Befehle. Der Krieg – sowohl in der Vorbereitung als auch in seiner brutalen Realität – bestimmte immer mehr mein Leben, und ich begann, mich mit dem Gedanken abzufinden, dass ich nie wieder so schreiben würde wie zuvor.

Eines Nachmittags, nach einer Übung, saßen die Soldaten und ich am Rand des Geländes, die Panzer vor uns rauchten noch, als wären sie lebendig. Der Himmel war bleigrau, und der Wind trug den Geruch von verbranntem Metall und Öl über das Gelände. Wir saßen im Kreis, schweigend, ausgelaugt, jeder in seine Gedanken vertieft. Es war einer dieser Momente, in denen die Worte fehlten – nicht nur mir, sondern uns allen.

Ein junger Soldat brach das Schweigen. «Du warst doch mal Autor, oder?» fragte er, ohne mich direkt anzusehen. Ich nickte, obwohl es sich anfühlte, als würde er mich an ein früheres Leben erinnern, eines, das kaum noch etwas mit dem zu tun hatte, was ich jetzt war. «Warum schreibst du nicht mehr?». Ich zuckte mit den Schultern. «Weil… es keinen Sinn mehr hat. Worte ändern nichts hier draußen.»

Ein anderer Soldat, älter, lachte, als hätte ihn schon lange nichts mehr amüsiert. «Worte? Glaub' mir, wir leben für Worte. Befehle, Berichte, die letzten Briefe an unsere Familien. Worte sind das Einzige, was uns daran erinnert, dass wir noch Menschen sind, und nicht nur Maschinen, die Stahl und Tod ausspucken.» Er spuckte auf den Panzer.

Ich sah ihn an, überrascht. «Am Ende sind es die Geschichten, die uns ausmachen», sagte er. «Wer wird erzählen, was hier passiert ist? Wer wird dafür sorgen, dass wir nicht einfach vergessen werden, wenn dieser Wahnsinn vorbei ist?» Und plötzlich fühlte ich es. Die Worte begannen sich wieder zu regen. Sie drängten sich nach vorne, trotz des Krieges, trotz des Schmerzes, trotz der Verluste.

«Du musst schreiben», sagte der junge Soldat, der mich zuvor angesprochen hatte, seine Stimme nun eindringlicher. «Nicht für uns. Nicht für den Krieg. Sondern für das, was danach kommt. Damit die, die nach uns leben, wissen, was wir hier gesehen haben, was wir durchgemacht haben. Damit sie verstehen. Damit sie den Krieg verstehen. Du hast hier nichts zu suchen, Artur.» Seitdem veränderte sich meine innere Haltung zur Arbeit auf der Militärbasis. Ich schlüpfte wieder in die Rolle des Journalisten, beobachtete genauer, merkte mir, was passierte, oder notierte es. Um ihre Geschichte zu erzählen.

Ich habe dieses Buch geschrieben, um Krieg greifbarer und verständlicher zu machen.

Denn ohne, dass wir es merken, dringt Krieg in jedes Leben ein, verformt die Wirklichkeit, bis sie unkenntlich wird. Er ist nicht nur das Geschrei der Waffen und das Dröhnen der Panzer – er ist auch die Stille danach, das Warten auf den nächsten Einschlag, das unheimliche Gefühl, dass selbst in Momenten der Ruhe die Bedrohung allgegenwärtig bleibt.

Es ist diese Zerrissenheit zwischen Alltag und Ausnahmezustand, die den Krieg so unfassbar macht. In einem Moment klammern sich Menschen an die vermeintliche Normalität, ein Gespräch, ein Lächeln, eine Tasse Kaffee mit Freunden. Im nächsten reißt der Krieg alles in Stücke, mit plötzlicher, unbarmherziger Gewalt. Krieg ist mehr als nur der Kampf an der Front. Er sickert durch die Ritzen digitaler Netzwerke, schält sich mit Propaganda und Desinformation in die Köpfe der Menschen und webt sich in die Geschichten, die wir uns selbst erzählen.

Der Krieg tobt auch in den Köpfen derer, die weit entfernt von den Schlachtfeldern sitzen – durch die Bilder, die sich in ihre Gedanken brennen, durch Entscheidungen, die sie treffen müssen, oder durch die Ängste, die sie begleiten. Der Krieg ist allgegenwärtig, selbst dort, wo seine Schreie nicht zu hören sind – auch in Deutschland, auch hier, in der stillen Routine der Ausbildung ukrainischer Soldaten.

Er verändert die Menschen, ob in der Ukraine, im Westen oder in Russland – hinterlässt tiefe Spuren in ihren Seelen, unsichtbare Narben, die lange nach dem letzten Schuss noch schmerzen werden. Auch die Politik westlicher Staaten trägt ihre Schuld an diesem Krieg. Sie verliert sich in den Abstraktionen einer Dialektik, die uns zu Feiglingen macht. Wir diskutieren über geopolitische Interessen und die Balance der Kräfte, während wir diejenigen, die in den Schützengräben stehen, im Stich lassen.

Die Menschen, die für ihre Heimat und ihre Familien kämpfen, sterben. Andere überleben – doch zu welchem Preis? Sie kehren zurück als Krüppel, viele von ihnen körperlich und psychisch so schwer verletzt, dass ihr Leben nie wieder dasselbe sein wird. Einige, darunter Eltern von verletzten Kindern, können sich nicht einmal Prothesen leisten. Sie verschulden sich, fallen in Armut. Der Krieg zerreißt ihre Körper und ihre Leben.

Wir sprechen zu leichtfertig über Frieden und Krieg, ohne zu begreifen, was diese Worte bedeuten. Wir behaupten, die Wahrheit liege irgendwo in der Mitte, dass beide Seiten gehört werden müssten – voller vermeintlicher Nuancen und Schattierungen.

Am Ende dieses Krieges liegen Menschen entweder unter

der Erde begraben oder verwesen auf einem Schlachtfeld, das wir im Westen längst nicht mehr sehen wollen – weil wir es uns leisten können, nicht hinsehen zu müssen. Doch für die Menschen dort, für die Kämpfenden und die Zurückgelassenen, gibt es kein Entkommen vor der Brutalität. Der Tod, der Krieg, das Leid – das alles ist real, unmissverständlich und endgültig.

Wir können nicht länger in Debatten verweilen, ohne die Härte dieser Wirklichkeit anzuerkennen. Während wir über den Sinn und Unsinn von Konflikten reden, sterben Menschen. Krieg kann das Schlimmste aus uns herausholen. Aber vielleicht auch das Beste, wenn wir nicht aufhören, uns dem Unmenschlichen entgegenzustellen.

Meine sowjetischen Urgroßväter kämpften und starben im Krieg gegen die deutschen Faschisten. Dabei bluteten sie auch für die spätere Freiheit ihrer Feinde. In den ukrainischen Soldaten, die ich bei der Panzer-Ausbildung getroffen habe, kehrten sie zurück. In diesen Männern, die Panzer fuhren, statt zu kapitulieren.

Mein Pazifismus brach endgültig.

Ich begriff, dass Worte nichts retten, wenn der Feind vor der Tür steht. Freiheit ist kein Geschenk, sie wird erkämpft. Ich hatte das verdrängt, weil ich es mir leisten konnte, in Sicherheit zu leben.

Dieses Buch ist kein Heldenepos – es ist der Blick eines Menschen, der vom Idealisten zum Realisten wurde, mit dem Erbe der Roten Armee und dem Echo von Soldatenstimmen im Kopf. Ich berichte von meiner Reise als Übersetzer für ukrainische Soldaten, und als Kind des Ostens, als Deutscher mit kasachischen Wurzeln: zwischen Geschichte und Gegenwart, zwischen Worten und Waffen.

Ich bin bis an die Front gereist und habe mit Soldaten gesprochen, mit Verwundeten, mit denen, die heimkehrten, und jenen, die nicht wussten, ob sie es tun würden. Dieses Buch ist vor allem für jene, die den Krieg nur aus dem Fernsehen kennen, die ihren Wohlstand genießen, die nie zittern mussten, wenn Granaten einschlugen oder Bomben die Nacht zerrissen. Für diejenigen, die glauben, dieser Krieg gehe sie nichts an.

Für jene, die nie den Schrei eines Verletzten gehört haben – aber in den sozialen Medien die Einstellung der Waffenlieferungen an die Ukraine fordern, aus humanitären Gründen. Ich schreibe für Soldaten, für Veteranen, für jene, die seit dem 24. Februar 2022 den Preis der Freiheit spüren. Für alle, die Ehrlichkeit wollen – keine polierten Lügen.

Im Russischen existiert eine Phrase: «За базар надо отвечать» – «Für dein Gerede musst du geradestehen.» Dieses Buch versucht, für seinen Inhalt einzustehen. Schreiben über den Krieg ist der Versuch, das Unsagbare zu sagen, das Unfassbare zu greifen – und doch zu wissen, dass Worte niemals ausreichen. Manchmal reichen sogar Taten nicht.

Viel wird in Deutschland über Wehrhaftigkeit diskutiert. Aber wahre Wehrhaftigkeit beginnt nicht mit Waffen. Russland hat viele davon – doch wehrhaft ist diese Gesellschaft nicht. Sie duckt sich weg, lässt sich vereinnahmen, zerschlägt abweichende Stimmen. Kinderärzte, junge Aktivisten, Professoren – sie alle werden verhaftet, eingesperrt, öffentlich diffamiert, weil sie es gewagt haben, «wehrhaft» zu sein: weil sie ihrem Staat widersprochen haben. In Russland wird nicht verteidigt – dort wird unterdrückt. Diese Gesellschaft hat Putin an die Macht kommen lassen, wie die Deutschen damals Hitler oder wie die Italiener Mussolini. Wahre Wehrhaftigkeit liegt nicht im Arsenal, sondern in der Haltung: im Streit, im Konflikt, und – ja – auch in den manchmal schmerzhaften Kompromissen demokratischer Gesellschaften.

Wehrhaftigkeit bedeutet, bereit und in der Lage zu sein, sich zu verteidigen – nicht aus Aggression, sondern aus Verantwortung. Es ist die Haltung, sich nicht alles gefallen zu lassen, wenn etwas wirklich Wichtiges bedroht wird: die eigene Freiheit zum Beispiel oder das friedliche Zusammenleben.

Dieses Verständnis unterscheidet sich grundlegend vom russischen Narrativ der «Verteidigung des Vaterlands», das meist mit bedingungsloser Loyalität zum Staat verknüpft ist. In der wehrhaften Demokratie geht es hingegen um individuelle, bürgerliche Verantwortung: nicht wegsehen, wenn Unrecht geschieht; nicht schweigen, wenn die Rechte anderer verletzt werden; nicht zulassen, dass das Böse sich langsam normalisiert. Auch dann nicht, wenn es unbequem ist oder Mut kostet.

Die berechtigte Frage bleibt: Wie weit dürfen wir uns in theoretische Gefilde zurückziehen, wenn vor unseren Augen Städte brennen? Wie lange dürfen wir diskutieren, abstrahieren, relativieren – ohne uns mitschuldig zu machen am Schweigen?

Wenn wir nicht schreiben, tun es die anderen – die Zyniker, die Verdreher, die Kalten. Wenn wir nicht wehrhaft sind, übernehmen sie das Wort. Dann wird aus Erinnerung Propaganda, aus Trauer Triumph, aus Wirklichkeit ein Mythos.

Genau hier beginnt die Wehrhaftigkeit. Und genau deshalb: Schreiben über den Krieg ist nicht neutral. Vielleicht ist es nicht mal friedlich. Es ist ein Akt der Verteidigung – gegen das Vergessen, gegen die Gleichgültigkeit, gegen die Lüge.

1.
Am Anfang war die Faust

In der Schule habe ich gelernt, dass auf Krieg niemals noch mehr Krieg folgen darf. Mein Geschichtslehrer im emsländischen Lingen schrieb damals in großen, schwungvollen Buchstaben ein Zitat an die Tafel: «Stell Dir vor, es ist Krieg und keiner geht hin.» Er vergaß jedoch den entscheidenden Halbsatz, den viele missachten: «– dann kommt der Krieg zu euch!» Das wusste ich damals nicht. Und habe es trotzdem gelernt.

Es ist 2010. Lena Meyer-Landrut hat gerade den ESC in Oslo gewonnen. «Happy» von Pharrell Williams läuft im Radio rauf und runter. Ich bin in Kasachstan geboren und im Alter von einem Jahr 1995 nach Deutschland gekommen, hier gehe ich in die zehnte Klasse eines westdeutschen Gymnasiums und bin dünn, untergewichtig; meine Arme schlackern in den Ärmeln meiner Jacke, meine Rippen zeichnen sich unter dem Shirt ab.

Es beginnt an einem Tag Mai, einfach so, ohne Vorwarnung, im Klassenraum, ich krame gerade noch meine Sachen zusammen. Plötzlich packt mich ein Mitschüler von hinten – ein großer, massiger Typ. Seine Finger, hart wie Eisenklammern, bohren sich in meine knochigen Schultern und drücken mich unerbittlich auf meinen Platz. Jede Hoffnung auf Flucht erstickt in seinem festen Griff.

«Du scheiß Russe – wir sollten dich aus Deutschland rauswerfen!» Die Worte nach dem Geschichtsunterricht explodieren in der schwülen Luft des Klassenzimmers – scharf und völlig unerwartet. Sie treffen mich wie aus dem Hinterhalt. «Ich bin kein Russe!», brülle ich. Doch schon schießt ein neuer Vorwurf durch den Raum: «Ihr Russen seid schuld, dass mein Opa so lange weg war!» Der Satz wirkt nach wie ein Faustschlag in die Magengrube. Meine Finger krampfen sich zusammen, die Nägel graben sich in die Handflächen. In meinem Kopf hallt die Stimme meines Vaters wieder, unnachgiebig wie ein Befehl: «Schlag immer zuerst zu – das Leben wird dir sonst keine Gnade zeigen.»

Ich schlage zu. Der Junge taumelt zurück, Blut läuft aus seiner Nase, färbt seine Lippen rot. Bevor ich Luft holen kann, stürzt sich der andere auf mich, reißt mich zu Boden. «Dir zeige ich, was es heißt, einen Deutschen zu schlagen!», zischt er. Sein erster Schlag trifft meinen Bauch. Dann noch einmal, und noch einmal. Um mich herum das Klassenzimmer: Keiner rührt sich. Keiner spricht. Nur das Keuchen, das dumpfe Klatschen von Fäusten auf Fleisch und Knochen füllt die Stille.

Zu Hause angekommen, höre ich schon im Gang das vertraute Klappern von Tellern und den Ton des russischen Staatsfernsehens. Ich schiebe die Tür auf, und sofort trifft mich der Blick meiner Mutter. Ihre Augen weiten sich, als sie die Schmutzflecken auf meiner Jacke und die steife Haltung meiner Schultern bemerkt. «Was ist passiert?», fragt sie, ihre Stimme schrill. «Kann man das nicht diplomatischer lösen? Sollen wir deinen Lehrer kontaktieren?» Ihre Hände flattern in der Luft, als wolle sie ihren Schrecken einfangen, ihn bändigen.

Mein Vater sitzt am Küchentisch. Er hebt den Kopf, mustert mich mit einem fast anerkennenden Grinsen. «Lass ihn», brummt er. «Er ist endlich ein Mann geworden. In Kasachstan haben sie ihn mit seinen langen Haaren immer für ein Mädchen gehalten. Seine Cousins lernen in der Schule, wie man eine Kalaschnikow bedient – und er kapiert jetzt, was es heißt, zu kämpfen.»

Er lehnt sich zurück, das Kinn hebt sich leicht, als spürte er plötzlich wieder den groben Stoff der Uniform an der Haut. Seine Augen funkeln, aber nicht weich, sondern stählern, scharf, wie in einer Erinnerung, die man nicht verklärt, sondern vor sich her trägt wie eine Narbe. «Bei uns damals, wer da nicht zurückschlug, der war geliefert. Wer zögerte, der war raus. Die Älteren haben dich rundgemacht, nur weil du neu warst – das war normal. Jeden Tag Prügel, Demütigungen, Kälte. Es gab nur die Herrschaft derer, die ein Jahr früher eingezogen wurden.»

Er sagt das nicht als Anklage. Mehr wie jemand, der das System überlebt und daraus eine zynische Weisheit gezogen hat. Als würde genau darin ein unausgesprochenes Gesetz liegen: Stärke ist nicht, wenn man Recht hat, sondern wenn man übrig bleibt. «Die haben's verdient», sagt er dann, fast beiläufig, aber die Stimme ist tiefer, fester. «Sollen sie spüren, dass nicht jeder alles schluckt. Das hört schon auf, wenn sie merken, dass er sich wehrt.» Dann wandert sein Blick zurück aufs Abendessen, als sei damit alles gesagt.

Am nächsten Tag im Klassenzimmer – die Luft wieder stickig, die Bänke mit alten Kaugummis verklebt. Der Junge mit der blutigen Nase kommt nicht allein zurück. Er hat Verstärkung mitgebracht: zwei andere, größer und stärker. «Dachtest wohl, du kommst damit durch, was?», knurrt der eine, während sie mich in eine Ecke drängen. Ich schlage wieder zu, wild und ohne nachzudenken. Doch ein Tritt in die Kniekehle lässt mich taumeln, ein Faustschlag gegen die Schläfe wirft mich zu Boden. Je mehr ich mich wehre, desto mehr bekomme ich ab.

Abends zu Hause das Gleiche: Mutters Stimme, inzwischen heiser vor Panik: «Das muss doch ein Ende haben! Rede mit deinen Lehrern, bitte, sei vernünftig!» Ihr Blick ist flehend, ihre Hände wringen ein Geschirrtuch. Mein Vater bleibt ungerührt, lehnt sich zurück. «Er macht das richtig. Die hören schon auf, wenn du dich lang genug wehrst.» Aber sie bekommen nicht genug. Jeden Tag wird es mehr – ein Stoß im Flur, ein Tritt gegen meinen Rucksack, Drohungen. Je fester ich zurückschlug, desto brutaler wurden sie. Ein blaues Auge, eine aufgesprungene Lippe, ein dumpfer Schmerz im Rippenbogen. Die Lehrer sahen es. Sanktionierten es. Es gab Ruhe. Dann ging es wieder los. Erst mit dem Abitur hörte es auf.

Wenn ich heute daran zurückdenke, nach meinem pazifistischen Intermezzo, erkläre ich mir meine Haltung zum Krieg in der Ukraine oft mit dieser frühen Gewalterfahrung. Sie hat mich misstrauisch gemacht – gegenüber der Illusion, dass sich Konflikte allein durch Vernunft lösen lassen. Sie hat mir Härte beigebracht, aber auch eine gewisse Rastlosigkeit, die mich weiter antreibt. Manchmal ertappe ich mich dabei, wie ich auf eine Bedrohung warte, die gar nicht existiert. Wie sich meine Schultern anspannen, wenn jemand einen bestimmten Ton anschlägt.

Und doch habe ich durch meine Schulzeit gelernt, dass Stärke nicht in der Gewalt liegt – sondern im Widerstand. Im Willen, sich nicht brechen zu lassen. Manche, die das hier lesen, werden denken, dass man Konflikte doch mit Worten lösen könne. Vielleicht stimmt das manchmal. Aber zwischen Aggression und Verhandlungen liegt etwas anderes: Aushalten. Ertragen. Durchhalten. Widerstand leisten. Bis sich die Lage ändert. Bis Hilfe kommt.

Russische Gewalt war in meiner Familie nie abstrakt. 1941 wurden meine deutschen Großeltern auf Stalins Befehl als Volksfeinde gebrandmarkt und nach Kasachstan verschleppt. Auch meine ukrainischen und belarussischen Vorfahren traf es. In der endlosen Steppe standen sie im Nichts – und waren der nackten Willkür eines Systems ausgesetzt, das keine Herkunft duldete, die sich nicht unterwarf. Mein belarussischer Urgroßvater wurde in einem Dorf nahe Minsk eingezogen. 1943 verliert sich seine Spur – wahrscheinlich fiel er an der Front, aber niemand weiß Genaueres. Es gibt keine Grabstelle, kein Foto, keine letzte Nachricht. Nur das Schweigen, das geblieben ist.

Der Bruder meines ukrainischen Großvaters war 17, als er sich freiwillig meldete. Zu jung, offiziell. Aber er fälschte sein Geburtsjahr, radierte 1926 aus dem Pass und schrieb 1925 hinein. Nicht, weil er an Stalin glaubte – sondern weil er wusste, dass Warten keine Option war, weil der Kampf jetzt geführt werden musste. Er kämpfte zuerst im Westen gegen Deutschland. Später, als der Krieg dort endete, wurde er nach Osten verlegt, um den Japanern zu trotzen.

Meine Vorfahren haben wegen ihrer Herkunft Gewalt erlebt. Und ich bin wegen meiner Herkunft verprügelt worden. Vielleicht ist das einer der Gründe, warum ich mich heute für ukrainische Soldaten engagiere. Warum ich über den Krieg gegen die Ukraine schreibe. Weil ich weiß, wie es ist, allein zu sein – und wie es sich anfühlt, wenn niemand eingreift. Ich kenne das Gefühl von Ohnmacht. Diese Erfahrung hat sich mir eingebrannt. Sie ist nie ganz verheilt.

Und doch habe ich lange versucht, sie zu vergessen. In

Frankfurt, als junger Mann, wollte ich dazugehören, auch wenn ich selbst keiner studentischen Organisation angehörte. Aber ich passte mich an – an ein linkes, akademisches Milieu, das Diskurse höher bewertete als Herkunft. Klug wollte ich wirken, nicht betroffen. Kosmopolitisch, nicht provinziell. Und so legte ich das Familiengedächtnis ab – Schicht für Schicht, bis es mir selbst fremd wurde.

Die Deportation, der verschwundene Urgroßvater, der 17-jährige Freiwillige – das waren Details, die nicht zu unseren Gesprächen über postkoloniale Theorie, hegemoniale Narrative und strukturelle Gewalt passten. Ich schwieg. Aus Scham. Aus Trotz. Vielleicht auch aus dem Wunsch heraus, eine Vergangenheit zu haben, die feiner war als meine. Ich wollte ein anderer sein.

Auch deshalb, weil ich wusste, wie sehr diese Vergangenheit in meiner Familie fortwirkte – roh, ungefiltert, ohne die Verkleidung einer akademischen Sprache. Meine Eltern sahen lange Zeit russisches Staatsfernsehen. Nicht aus ideologischer Überzeugung, sondern aus Sehnsucht: nach Ordnung, nach Heimat, nach einem Weltbild, das verständlich war. Nach etwas, das das Chaos unserer Geschichte einhegen konnte.

Russland erschien ihnen als Teil der Familie, als Rest einer verlorenen Welt – nicht trotz, sondern wegen allem, was geschehen war. Ich konnte es ihnen nicht verübeln. Und doch spürte ich, wie sehr mich genau das trennte von dem Leben, das ich in Frankfurt aufzubauen versuchte.

Ich wollte dazugehören. Ich wollte mich loslösen von der kasachischen Steppe, den Schmerzen, den Verirrungen. Ich löste mich auf – in einem akademischen Milieu, das mit Begriffen hantierte, aber keine Sprache fand für das, was meine Familie durchlebt hatte. Ich lernte schnell, worüber man sprach – und worüber nicht. Man sprach über Kolonialismus, Kapitalismus, Identität. Aber nicht über Stalin. Nicht über Deportationen. Nicht über Angst. Und man verschwieg, dass auch der Westen nicht an allem schuld war.

Pazifismus wurde zu einem Mittel der Zugehörigkeit, weil er in meinem Umfeld nicht nur als moralische Haltung galt, sondern als Ausweis von Intellektualität und Weltläufigkeit. Wer pazifistisch sprach, zeigte, dass er sich auskannte mit Geschichte, mit Machtkritik, mit Empathie. Es war ein Code, der sagte: Ich bin reflektiert. Ich bin harmlos. Ich bin nicht wie «die da». Pazifismus bedeutete nicht nur, gegen Krieg und Gewalt zu sein – sondern auf der «richtigen» Seite zu stehen. Auf der Seite der Guten, der Verletzlichen. Wer das eigene Land in Schutz nahm, galt als verdächtig.

Und so lernte ich, dass man mit bestimmten Sätzen Zugang bekam – zu Räumen, zu Menschen, zu Kreisen. Dass man mit anderen Sätzen ausgeschlossen wurde. Und dass das Bekenntnis zur Gewaltlosigkeit oft weniger mit der Realität zu tun hatte als mit der Angst, im falschen Licht zu stehen. Pazifismus war kein politisches Risiko – er war ein kulturelles Alibi.

Es war ein Abend für große Thesen und kleine Fluchten, im Jahr 2014. Ich saß vor dem KOZ, einem jener Biotope, in denen es zwischen den Wänden nach Bier und Gewissheit roch. An den Wänden klebten Plakate gegen Polizeigewalt und für die kurdische Sache, daneben «Make Peace, Not NATO»-Sticker, halb überklebt von Aufrufen zur Demo gegen die nächste Waffenlieferung an Israel. Ein Typ mit Palituch schlurfte vorbei, grüßte mit einem halben Kopfnicken. Zwei Theken-Linke diskutierten über Lenin und Lieferketten. Hinter der Bar wurde gestritten – über

Awareness, über alles. Es war einer dieser Orte, an denen die Welt einfach war, solange man nicht zu genau hinsah. Oder solange man mittrank.

Mein Glas Bier stand halb leer vor mir. Ich war 21, Germanistikstudent. Ein linker Pazifist, felsenfest davon überzeugt, dass kluge Worte Panzer aufhalten könnten. Ein Träumer, der dachte, die Welt sei ein Seminarraum, in dem kluge Worte alles richten könnten.

«Krieg ist ein Relikt, Mann», sagte ich und lehnte mich zurück, die Arme verschränkt, als hätte ich das Universum entschlüsselt. Mein Kumpel, ein Philosophie-Student, nickte eifrig. «Genau, Artur. Diplomatie, NGOs, das ist die Zukunft. Gewalt löst nichts.» Wir waren uns einig, fühlten uns wie die Speerspitze der Menschheit. Ich hatte zugesagt, würde ein Plakat malen: «Frieden jetzt!» in krakeliger Schrift. Moralisch überlegen, so fühlte ich mich – in meiner Welt unantastbar, unbesiegbar.

Das Café brummte, ein Gewirr aus Lachen, Gläserklirren und einem Typen am Nebentisch, der über Foucault schwadronierte. Ich nahm einen Schluck vom Bier und ließ meinen Blick schweifen.

«Hast du das mit der Ukraine gelesen?», fragte Lukas plötzlich und tippte auf sein Smartphone. Er meinte den Krieg im Donbas, der 2014 ausgebrochen war, nachdem Russland die Krim annektiert hatte. Ich zuckte die Schultern. «Ja, krass. Aber das ist doch alles NATO-Provokation. Die Amis schüren Konflikte, und Russland reagiert halt.» Ich hatte das in irgendeinem Blog gelesen, einer dieser Seiten, die sich «unabhängig» nannten. Ich wusste damals nicht, dass sie in Wahrheit russische Propaganda und blinden Patriotismus verbreiteten. Damals kaufte ich das, verschlang Artikel über «westliche Aggression» und «ukrainische Nationalisten». Der Donbas war für mich ein ferner Ort, ein Chaos, das mich nicht betraf. Ich wusste nicht, dass dort Städte brannten, dass Menschen in Kellern kauerten, dass russische «Separatisten» mit Putins Waffen Zivilisten abschlachteten. Ich wusste nichts und wollte es nicht wissen.

«Und Syrien?», hakte Lukas nach. Er scrollte durch Twitter, wo Bilder von zerbombten Häusern in Aleppo auftauchten. «Assad ist ein Schwein, aber die Russen helfen doch, oder? Gegen den IS.» Ich nickte, obwohl ich keine Ahnung hatte. Russische Propaganda hatte sich auch hier eingeschlichen, über den staatlichen Propagandakanal RT, der in Deutschland im Internet an den Start gegangen war, und obskure YouTube-Kanäle, die behaupteten, Putin stabilisiere die Region. Ich hatte Videos gesehen, die russische Jets als Heilsbringer zeigten, während sie in Wahrheit Krankenhäuser in Schutt und Asche legten. «Krieg ist scheiße», sagte ich, «aber wenn wir uns raushalten, regelt sich das schon.»

Ein verführerischer Satz. «Dann regelt sich das schon.» Er suggeriert, dass Krieg ein Problem ist, das sich von selbst löst. In ihm offenbar sich der Wunsch, Verantwortung abzugeben, die Welt ihren Lauf nehmen zu lassen. Aber diese Haltung ist eine brandgefährliche Illusion, ein Trugschluss, der die Vernetztheit der modernen Welt ignoriert.

Kein Krieg bleibt isoliert. Die Folgen eines Konflikts – seien es Flüchtlingsströme, wirtschaftliche Turbulenzen oder die Verbreitung von Extremismus – erreichen auch die, die sich «raushalten» wollen. Selbst Länder, die sich neutral erklären, spüren die Auswirkungen: steigende Energiepreise, Handelsstörungen, politische Polarisierung. «Raushalten» ist kein Schutzschild, sondern Selbstbetrug. In einer globalisierten Welt gibt es kein «Außen», nur ein «Mittendrin».

Und doch ist die Versuchung groß, sich zurückzuziehen. Es ist menschlich, sich auf das eigene Leben konzentrieren zu wollen, auf die kleinen, überschaubaren Probleme des Alltags. Warum sollte man sich mit etwas auseinandersetzen, das so fern, so unlösbar erscheint? Meine Haltung war verständlich, aber auch gefährlich. Sie nährte die Gleichgültigkeit, die es Machthabern und Kriegstreibern erleichterte, ihre Agenden durchzusetzen. Wenn niemand hinsieht, wenn niemand eingreift, bleibt das Feld denjenigen überlassen, die bereit sind, Gewalt als Mittel einzusetzen. Vielleicht denken die meisten Menschen so über den Krieg wie ich früher: mit einer Mischung aus Abscheu und Distanz.

Lukas hob sein Bierglas. «Auf den Frieden, Mann!» Wir stießen an. Draußen zog eine Gruppe laut grölender Fußballfans vorbei, ihre Stimmen übertönten den Regen. Ich schüttelte den Kopf. «Idioten», murmelte ich. Für mich waren das Barbaren, die ihre Fäuste brauchten, weil sie keine Argumente hatten. Ich hingegen hatte Worte – scharfe, kluge, moralische Worte. Ich dachte an meine Mutter, die mir als Kind von ihrem belarussischen Großvater erzählt hatte, der gefallen war. «Er hat für unsere Freiheit gekämpft», hatte sie gesagt, ihre Stimme schwer. Damals hatte ich genickt, aber nicht verstanden. Freiheit war für mich ein abstraktes Konzept, etwas, das man in Essays definierte, nichts, das man mit Blut bezahlte. Der Donbas, Syrien, die Propaganda – all das war ein fernes Rauschen, das in meiner Bubble keinen Widerhall fand.

«Die NATO treibt Russland absichtlich in die Ecke, das ist doch offensichtlich! Wenn wir einfach abrüsten, lösen sich die Konflikte in Luft auf.» Meine Worte hallten selbstgewiss durch den Raum, getragen von einer naiven Überzeugung, die mir damals wie Weisheit vorkam. Doch meine Phrasen waren leer, ein Rauschen, das an der Realität vorbeizog, statt sie zu erfassen. Ich überhörte die Schreie aus Aleppo, wo Fassbomben wie Regen niedergingen, ganze Wohnviertel in gespenstische Mondlandschaften aus Asche und Leid zerfetzten und Familien unter den Trümmern ihrer einstigen Zufluchtsorte begruben.

Ich war blind für all die Lügen, die ich geschluckt hatte – Lügen, die Moskau ausspuckte, um den Westen zu verwirren, mich in meiner Naivität zu wiegen. Ich zog mein Notizbuch aus der Tasche, kritzelte ein paar Zeilen: *Pazifismus ist die einzige Antwort auf die Barbarei der Vergangenheit.* Dann klappte ich es zu, nahm noch einen Schluck und lehnte mich zurück. Die Welt war ein Puzzle, und ich hatte alle Teile – oder so dachte ich.

Irgendwo lief ein Techno-Track. «Weißt du, was mich nervt?», sagte Julia, die sich gerade zu uns gesetzt hatte. Sie studierte BWL. «Diese Doppelmoral im Westen. Die heulen über Syrien, aber verkaufen Waffen an Saudi-Arabien. Und die NATO? Die ist doch nur ein imperialistischer Schlägertrupp.» Ich nickte. Ihre Worte passten perfekt in mein Weltbild. «Genau», warf ich ein, «die NATO provoziert, und dann wundern sie sich, wenn Russland zurückschlägt. Die Krim? Das war doch eine Reaktion auf den Maidan, auf den ganzen westlichen Einfluss in der Ukraine.»

Ich hatte keine Ahnung, was die Maidan-Revolution wirklich war – eine Volkserhebung gegen Korruption und russische Kontrolle, ein Schrei nach Freiheit. Für mich war es nur ein Schlagwort, ein Plot in der großen Erzählung vom bösen Westen und missverstandenen Russland. Ich hatte Videos gesehen, Posts gelesen, die behaupteten, die

Ukraine sei ein Marionettenstaat der USA, voller «Nazis» und «Provokateure». Ich glaubte das, weil es in meiner Peergroup bequem war.

Lukas scrollte weiter auf seinem Handy, zeigte uns ein Bild von einer Demo in Berlin. «Guckt mal, die sind auch gegen die NATO. ‹Frieden mit Russland› steht da.» Ich grinste. «Siehst du? Es gibt Leute, die kapieren's.» In meinem Kopf war das die Lösung: Dialog, Abrüstung, alle an einen Tisch. Krieg war ein Relikt, etwas für Barbaren, nicht für uns aufgeklärte Studenten, die mit Foucault, Marx und einem Glas Rotwein die Welt retten wollten. Julia zündete sich eine Zigarette an, der Rauch kringelte sich in die Luft. «Das Problem ist doch», sagte sie, «dass niemand die Wahrheit sagt. Die Medien lügen, die Politiker lügen, und wir sollen's schlucken.»

Ich stimmte zu. Ich las Blogs, die sich «alternativ» nannten, schaute Videos von Leuten, die sich «Analysten» nannten, und fühlte mich informiert. Dass diese Quellen oft direkt aus Moskau gesteuert waren, dass sie gezielt Desinformation streuten, um den Westen zu spalten – das war mir egal. Ich wollte glauben, dass ich den Durchblick hatte, dass ich über dem Mainstream stand. Dass ich *anders* als die anderen war. Die Kneipe füllte sich, das Stimmengewirr wurde zu einem Summen. Am Nebentisch diskutierte jemand über geschlechtergerechtes Schreiben, ein anderer über vegane Ernährung. Ein Mikrokosmos linker Gewissheiten, ein Raum, in dem man sich moralisch rein fühlen konnte, solange man die richtigen Phrasen kannte.

Ich nahm einen Schluck Bier, spürte die Kälte in der Kehle und dachte an die Demo am Wochenende, an das Plakat, das ich basteln wollte. Ich stellte mir vor, wie ich durch Frankfurt marschieren würde, die Faust erhoben, die Welt ein Stück besser machend. Ein Held meiner eigenen Geschichte. Doch irgendetwas nagte schon damals an mir. Ein leises, unbequemes Gefühl, das ich nicht greifen konnte, tief drinnen. Vielleicht war es die Erinnerung an die Geschichten meiner Eltern, an die Flucht aus Kasachstan, an die Angst, die sie in ihren Stimmen trugen, wenn sie von der Sowjetzeit sprachen.

Für mich waren die Ukraine, Kasachstan, Georgien – all diese postsowjetischen Staaten – lange nur Randzonen eines Imperiums, das mit harter Hand zusammengehalten werden musste. Mein Vater fühlte sich nie als Russe. Er war Deutscher, mit einem gewissen Verständnis für Russland. Für ihn war Putin der Mann, der in den wilden 90ern Ordnung brachte, Korruption und Oligarchen in die Schranken wies. Als ich ihm vom Maidan erzählte, sagte er nur: «Das sind Faschisten. Das haben die Amerikaner orchestriert.»

Später hat er seine Meinung geändert. Heute sagt er: «Dieser Wahnsinnige hätte vor dem Georgien-Krieg abtreten sollen. Dann wäre er als Retter in die Geschichte eingegangen.»

Damals aber erschien mir die Revolution als Bedrohung – nicht nur politisch, sondern persönlich. Sie rührte an meinen Begriff von Heimat, erschütterte das, woran ich geglaubt hatte. Heimat – das war für mich die russische Sprache. Manti, Borschtsch, Plow. Am Tisch der Sowjetunion hatte jeder Platz – auch wenn nicht jeder satt wurde. Und dann: zerbrach dieser Tisch. Geblieben ist das Gefühl, mehr zu sein als nur Russe, Ukrainer, Kasache oder Belarusse. Eine postsowjetische Identität. Aber mit dem Maidan begann sie sich aufzulösen – auch für mich. Seither weiß ich: Diese gemeinsame Identität zerfällt. Und das ist nicht nur ein Verlust – das ist auch eine Befreiung.

2016 plante ich ein Praktikum in Kyjiw. Ein deutscher Freund fragte: «Warum ausgerechnet die Ukraine? Was willst du da?» – «Ich will wissen, ob es da wirklich Faschisten gibt», antwortete ich. Ich wollte selbst sehen, was wahr war – und was Projektion. Das habe ich getan.

Und trotzdem blieb ich skeptisch. Der Krieg in der Ostukraine – war das wirklich so eindeutig? Die Okkupation? Sicher, Russland hatte die Krim annektiert, aber war die Halbinsel nicht schon immer irgendwie russisch? Und überhaupt – man musste doch einfach nur verhandeln, war mein Mantra. Reden statt schießen. Waffenstillstand statt Eskalation. Ich hielt mich für vernünftig. Für ausgewogen. Für einen, der beide Seiten sieht. Vielleicht war es in Wahrheit aber nur Bequemlichkeit – ein Festhalten an der Illusion, dass man sich aus der Entscheidung heraushalten könne.

In Kyjiw wurde diese Selbstgewissheit porös. Ich sah Demonstrationen auf beiden Seiten. Proukrainische Proteste mit blauen und gelben Fahnen, mit Bildern von Gefallenen, mit Wut und Trauer, aber auch Hoffnung. Und ich sah prorussische Plakate, wenn auch seltener – in stillen Winkeln, aufgeklebte Parolen über «Brudervölker», über «Faschismus in Donezk», über die Schuld des Westens. Ich hörte Diskussionen auf der Straße, in Cafés, unter Studenten. Es war keine geschlossene Front, keine einheitliche Stimme – es war eine Gesellschaft im Kampf, nicht nur gegen den Feind von außen, sondern auch mit sich selbst. Diese Vielfalt hätte mir Orientierung geben können. Stattdessen machte sie alles noch schwieriger. Je mehr ich sah, desto weniger wusste ich. Ich spürte die Komplexität – aber ich verwechselte sie mit Relativismus.

Ich wollte auf der richtigen Seite stehen, aber ich konnte nicht sagen, welche das war. Also blieb ich bei meinem

Mantra: Frieden um jeden Preis. Ich nannte es Pazifismus. Aber vielleicht war es nur Angst, eine klare Entscheidung zu treffen.

Ich bin jetzt 31, kein 21-jähriger Germanistikstudent mehr, der im KOZ mit BAföG-Bier und großen Thesen die Welt rettet. Das Notizbuch, in das ich «Pazifismus ist die Antwort» kritzelte, liegt in einer Schublade. Meine Anti-NATO-Plakate, rot und krakelig, sind peinliche Relikte einer Zeit, in der ich dachte, ich hätte den Durchblick.

Heute, 2025, ist die Blase schon lange zerplatzt. Die russische Invasion ab dem 24. Februar zertrümmerte meine Illusionen. Mariupol, Bachmut, Charkiw – die Namen sind Wunden. Ich sehe die Bilder: zerstörte Schulen, Kinder in Kellern, Mütter, die ihre Söhne begraben. Die «NATO-Provokation» war ein Märchen, das Putin spann, um seinen imperialistischen Hunger zu rechtfertigen. Die «Separatisten»? Moskaus Schläger, bewaffnet und gesteuert. Ich war blind für die Wahrheit, die schon 2014 da war. Ich hätte es sehen können – die Geschichten meiner Eltern, die Narben meiner Großväter, das Foto der Trümmerfrauen. Aber ich wandte den Blick ab, weil es einfacher war, in einer Studentenkneipe zu protestieren.

Ich hätte die Mittel zum besseren Verständnis gehabt – und ich entschied mich dennoch für Ignoranz. Pazifismus war mein Mantra. Vielleicht hat auch der Pazifismus seine Berechtigung – wenn man ihn richtig versteht. Nicht als bequemen Rückzug, nicht als moralischen Hochsitz, von dem aus man andere verurteilt, sondern in seinem ursprünglichen Sinn: *als die Kunst, Frieden zu machen.*

Pax – der Friede. *Facere* – machen. Nicht: Frieden fordern, hoffen, postulieren. Sondern: *tun,* im Sinne von: wehrhaft sein, um Schlimmeres zu verhindern.

Frieden zu bewahren im Angesicht der Gewalt, das ist eine aktive, gefährliche, kompromisslose Aufgabe. Wer diesen Pazifismus meint – den mutigen, den fordernden, den ungemütlichen –, der verdient Respekt.

Aber was mir damals begegnete, war selten dieser Pazifismus. Es war ein anderes Konzept: ein Schweigen, das sich für Moral hielt. Ein Fernbleiben, das sich als Haltung verkleidete. Ein Glaube, dass Unparteilichkeit Schutz sei – und nicht Teil des Problems. Meine Urgroßväter und mein Uronkel wussten das. Die Ukraine weiß das. Ich weiß es jetzt. Krieg ist kein Relikt. Er ist eine Klinge, die schneidet, während wir in unseren Bubbles debattieren.

Damals, zwischen Diskursen über Kapitalismus, Identitätspolitik und Intersektionalität, verweigerten wir einen klaren Blick auf die Welt. Alles musste eingeordnet, relativiert, historisiert werden. Nichts durfte einfach nur grausam sein – es musste immer einen größeren Kontext geben, einen theoretischen Überbau, der uns vor der Realität schützte.

Wir waren Ignoranten mit akademischem Vokabular. Wir scrollten an Bildern vorbei, die nicht ins eigene Weltbild passten. Bomben auf Mariupol? Zerbombte Schulen in Aleppo? Das schob man weg – oder stellte Gegenfragen: *Und Palästina? Afghanistan? Und die USA? Und was ist mit den Saudis?*

Es ist bis heute ein ewiges Abwägen, ein moralischer Wettbewerb des Leids. Ist der Krieg in Gaza schlimmer als der in der Ukraine? Wer ist «mehr» Opfer? Wer hat «mehr» Schuld? Wer darf noch trauern, wer muss erst das eigene Privileg reflektieren? Und während wir uns in dieser Rechthaberei verloren, starben anderswo die Schwächsten und Schutzlosesten, Kinder, дети – leise und schmerzhaft – für uns unsichtbar.

Wir ließen aus, was nicht in die eigene Erzählung passte. Nicht, weil wir es nicht wussten – sondern weil wir es nicht aushielten. Weil es darauf hinausgelaufen wäre, sich zu entscheiden. Und Entscheidungen bedeuteten Klarheit. Und Klarheit bedeutete, Verantwortung zu übernehmen. Lieber blieben wir im Graubereich, dort, wo man nie falsch liegt – aber auch nie richtig steht.

Die Propaganda, die ich fraß, war eine Waffe – gezielt geschmiedet, um Träumer wie mich in Relativismus zu wiegen. «Alles ist kompliziert», sagte ich – als wäre das eine Analyse. In Wahrheit war es eine Ausrede. Ein Vorwand, um nicht hinzuschauen. Die Blase, in der wir uns bewegten, war kein Zufall. Sie war ein System.

Das Ironische: Ja, natürlich ist alles kompliziert. Aber ausgerechnet in jenen Diskursräumen, die sich Komplexität auf die Fahnen schreiben, wurde diese Komplexität immer wieder glattgebügelt. Statt differenzierter Analysen gab es universelle Abstraktionen, in denen alle Konflikte durch dieselbe ideologische Linse betrachtet wurden.

Da ging es nie um konkrete Kontexte, nie um Einzelschicksale, nie um das, was tatsächlich geschah. Stattdessen legte man dieselbe Schablone über alles: die Ukraine, Palästina, Syrien, Afghanistan. Alles war System. Alles war Imperialismus. Alles war Kapitalismus. Und alles lief auf eine einzige Konklusion hinaus: Schuld ist immer der Westen. Alles andere wurde als störendes Rauschen abgetan – als Ablenkung von der «eigentlichen Wahrheit».

Wer Bomben auf Krankenhäuser warf, war zweitrangig – viel wichtiger war, wer sich zum Kritiker aufschwang. Gewalt durfte es geben, solange sie von den «richtigen» Akteuren ausging. Von Russland, China, dem Iran. Da hieß es dann plötzlich: «Es ist kompliziert», «man muss auch die geopolitischen Interessen verstehen», «der Westen hat auch Dreck am Stecken». Wenn hingegen westliche Demokratien eingriffen – oft zögerlich, oft zu spät –, wurde nicht diskutiert, sondern verurteilt.

Diese Haltung hat keine analytische Tiefe. Sie ist eine intellektuelle Ausrede. Eine Täter-Opfer-Umkehr. Wer Gewalt nur dann kritisiert, wenn sie vom Westen ausgeht, hat längst nicht mehr die Wahrheit im Blick – sondern nur noch die eigene Pose.

Wir kreisen um moralische Planspiele, statt uns der Realität zu stellen. Wir hängen in albernen Ja-oder-Nein-Dichotomien fest, als wären wir in einem Ethikseminar und nicht in einer Welt, die brennt. *Würdest du in den Krieg ziehen?* – Was für eine dämliche Frage, wenn gerade kein Krieg vor deiner Tür steht. Die eigentliche Frage ist: *Was bedeutet es für dich, wenn der Krieg kommt? Und was bist du dann bereit zu tun?* Wer sich dieser Frage nicht stellt, verdrängt, feige und bequem, das Unvermeidliche – und macht sich damit mitschuldig.

Mitschuldig an der kollektiven Lähmung, an der Feigheit, am ewigen Zögern. Wir reden, als hätten wir alle Zeit der Welt, als sei das Schlimmste, was uns passieren kann, ein moralisches Dilemma in der Kommentarspalte.

Wir verstecken uns. Hinter unserer Bildung. Hinter klugen Diskursen. Hinter pazifistischen Floskeln, als könnten Worte Panzer aufhalten, als würde ein sauber formulierter Gedanke uns vor der Gewalt der Welt bewahren. Sie überschreiten Grenzen, ohne es zu merken. Im Namen des Guten. Für den sozialen Frieden, für Gleichverteilung, für das Leben. Und doch tragen sie bei zur Selbstaufgabe. Denn sie haben vergessen, was es bedeutet, bedroht zu sein. Sie unterschätzen Russland. Weil sie nicht glauben können, dass jemand bereit ist, uns zu vernichten. Weil sie nie erleben mussten, was Vernichtung heißt. Dabei begann das lange vor dem Krieg.

Schon damals wurden unsere Werte verhöhnt. Schon damals sprach man nicht von Partnerschaft, sondern von Schwäche. Schon damals – ich war 15, es war der 9. Mai 2010 – saß ich vor dem Fernseher. Moskau. Militärparade. Ich erinnere mich genau: Panzer rollen, Hymnen hallen, und dazwischen Einspielungen – glühende Raketen, animiert, zielten auf Europa. Auf Berlin. Kein Zweifel an der Botschaft. Nicht versteckt, nicht subtil. Zerstörung. Auslöschung. Als wäre es ein Spiel. Und wir? Wir diskutierten über Abrüstung – und ich fand es richtig.

Im Westen haben wir diesen zwanghaften Hang zur Selbstanklage. Immer wieder erzählen wir uns, wie schlecht es bei uns ist. Dass wir die Schuldigen sind. Dass *wir* die Bösen sind. Dass *wir* unmenschlich handeln. Und ja – vieles davon stimmt. Wir leben in einem System, das kalt und ungerecht ist. Wir verdienen Geld mit Waffen, wir sichern unseren Wohlstand mit den Ressourcen und durch die Ausbeutung anderer. Wir verdrängen das Elend an den Außengrenzen, solange es uns nicht direkt betrifft. Wir sind bequem, wir sind heuchlerisch, wir sind oft feige. Wir verraten oft unsere Ideale.

Aber – und das ist der Punkt, den wir nicht mehr laut sagen: Es gibt auf dieser Welt Regime, die noch grausamer, brutaler, zynischer handeln als wir. Die ihr eigenes Volk unterdrücken, die andere Länder überfallen, die Menschen foltern, vergewaltigen, ermorden – nicht nur aus Kalkül und Prinzip. Auch aus Ideologie. Aus Machtgier. Wer das ausblendet, wer alle Schuld gleichverteilt, wer sagt, «wir sind doch auch nicht besser», der relativiert das Böse. Der verharmlost Gewalt, indem er sie in einem Nebel aus Selbstkritik und moralischer Selbstvergewisserung auflöst.

Selbstkritik ist richtig, sie ist notwendig. Aber sie wird zur Farce, wenn sie sich in Selbsthass verwandelt. Wenn sie nichts mehr klärt, sondern alles in Frage stellt. Wenn sie nur noch lähmt, statt zum Handeln zu animieren. Dann ist sie kein Ausdruck von Verantwortungsbewusstsein – sondern ein Zeichen von Schwäche, von Dekadenz, von der Angst, Partei zu ergreifen.

Ich bin es leid. Leid, dass jede Debatte im Westen damit beginnt, dass wir uns selbst in den Staub werfen. Leid, dass wir unsere Werte nur noch flüstern, während andere sie längst zertreten. Leid, dass wir immer noch glauben, moralisch rein bleiben zu müssen, während anderswo Menschen kämpfen, überleben, sterben – für etwas, das wir längst verloren zu haben scheinen: Klarheit.

Der Krieg in der Ukraine tobt, die Fronten verhärten sich, die Propaganda wird raffinierter. Die Welt ist kein Seminarraum mehr. Die Friedensbewegung, die einst auch meine war, ist heute mein größter Feind. Weil sie nicht mehr für Frieden steht, sondern – ob aus Naivität oder Kalkül – zum Erfüllungsgehilfen russischer Großmachtsfantasien geworden ist.

2.
Die Friedensbewegung ist mein größter Feind – 2023

Das Jahr 2023 hat angefangen. Ich bin gerade aus Mykolajiw zurück, wo ich Silvester verbracht habe. Dort, auf dem Dach eines Hochhauses, hörte ich keine Böller – nur Sirenen. Raketen. Die Luftabwehr zerriss den Himmel. Ich floh ins Badezimmer, versuchte mir einzureden, dass ich dort sicher sei – als gäbe es noch sichere Orte in einem Land, das im Feuer liegt. Die Fliesen unter mir kalt, der Atem flach, das Zittern in meinen Fingern fremd. Ich zählte die Sekunden zwischen den Einschlägen, wie früher, als Kind, die Sekunden zwischen Blitz und Donner. Aber hier kam eine Pause. Kein Gong. Nur Stille, dann wieder Donner.

Ich schlief nicht in dieser Nacht. Und am nächsten Morgen – dieser seltsame Moment zwischen Leben und Rückblick – lag dieser vertraute Geruch von Silvester in der Luft. Dieses Feuerwerk, das in Deutschland Neuanfang verheißt, roch in Mykolajiw nach verbranntem Plastik, nach Asche, nach Krieg, nach Tod. Ich stand auf dem Balkon, sah in den grauen Morgenhimmel, und wusste: Ich habe überlebt, weil andere nicht geschlafen haben. Soldaten, Männer, Frauen, die sich entschieden haben – oder gezwungen wurden –, in die Grenzzone zwischen Leben und Tod zu gehen. Für ihre Heimat. Für uns.

Das ist erst wenige Wochen her. Und jetzt, Neukölln,

eine echte Welt, die sich nicht wie eine anfühlt, ein Paralleluniversum. Ich brauche Alkohol, um überhaupt atmen zu können, um diesen absurden Übergang zu ertragen – vom Bombenalarm zur Szenekneipe. Der Nieselregen benetzt mein Gesicht, die Haut prickelt vor Kälte. Ich laufe ziellos, bis ich vor einer Bar stehe – eine dieser Bars, wo Hipster mit Adidas-Trainingsjacke über Revolution reden und vergessen, dass Revolution auch Blut bedeutet.

Drinnen werde ich von zwei friedensbewegten Hipstern in ein Gespräch über den Ukrainekrieg verwickelt. Wir vertreten in ziemlich allen Punkten entgegengesetzte Positionen. Irgendwann kommen wir auf das Thema Zwangsrekrutierung. Ja, sie existiert auch in der Ukraine, diesem Land, das keinen Krieg führt, sondern ihn erleidet. Ein Land, das seit Jahren im Ausnahmezustand lebt, das Tausende Gefallene zählt, das keine Wahl hat, als seine Bürger zu rufen, wenn die Sirenen heulen. Wer in Berlin, Wien oder anderswo mit dem Maßstab friedensverwöhnter Liberalität urteilt, hat Verteidigung nicht verstanden.

Zwangsrekrutierung ist kein Ideal. Sie ist ein Notmechanismus. Deshalb sage ich: Wer fliehen will, soll fliehen. Aber wer bleibt und kämpft, verdient mehr als ein Nicken. Er verdient Schutz, Unterstützung, Respekt. Nicht dieses feige Rumnörgeln aus dem sicheren Hinterland moralischer Überlegenheit.

Zwangsrekrutierung kann als Unrecht verstanden werden. Aber Krieg kennt keine reine Gerechtigkeit. Es gibt nur Systeme, die versuchen, ein Minimum an Rotation, an Entlastung, an Überleben zu ermöglichen. Viele, die an der Front stehen, tun das seit Monaten, seit Jahren, ohne Pause. Ohne Ablösung. Weil andere sich drücken. Weil andere fliehen. Weil andere Ausreden haben. Und so widersprüchlich es klingt: Manchmal braucht es die Zwangsrekrutierten, damit die Freiwilligen überhaupt einmal nach Hause können – wenigstens für einen Tag. Weil jeder Mensch irgendwann seine Familie wiedersehen muss. Wer nie an der Front war, spricht leicht über Freiwilligkeit.

Wir müssen lernen, Widersprüchlichkeiten auszuhalten – nicht um sie zu romantisieren, sondern um sie zu verstehen. Wer nur Schwarz und Weiß kennt, wird an diesem Krieg nichts begreifen. Zwangsrekrutierung ist kein Zeichen von Freiheit – aber ihre Existenz bedeutet nicht automatisch Unrecht auf ukrainischer Seite.

Es ist möglich, den Kriegsdienstzwang zu kritisieren und zugleich zu begreifen, warum er in einem überfallenen Land Realität ist. Es ist möglich, Mitleid mit jenen zu empfinden, die sich dem Einzug nicht entziehen konnten – und dennoch zu sagen: Das hier ist ein Verteidigungskrieg. Wir dürfen nicht aus Angst vor Ambivalenz die Realität weichzeichnen. Es gibt keine reine Moral im Krieg. Aber es gibt eine klare Verantwortung: für die, die kämpfen müssen – und für die, die es sich leisten können, den anderen aus der Ferne vorzuschreiben, wie sie kämpfen sollen.

Doch während wir hier sitzen, im Trockenen, mit warmem Kaffee und stabiler WLAN-Verbindung, sollten wir uns eine andere Frage stellen: Was, wenn der Krieg zu uns kommt? Was, wenn Deutschland, dieses Land, das seit Jahrzehnten in Frieden gedeihen kann, plötzlich vor dem gleichen Tor zur Hölle steht? Wir, die wir uns über Zwangsrekrutierung empören, als wäre sie ein Fremdwort – sind wir bereit, uns der Realität zu stellen? Unser Grundgesetz, Artikel 4, schützt die Kriegsdienstverweigerung.

Ein Recht aus dem Vorsatz, nie wieder Menschen in einen sinnlosen Kampf zu zwingen. Aber was, wenn der Kampf nicht sinnlos ist? Was, wenn es ums Überleben geht – um unsere Freunde, unsere Familien, unsere Freiheit? Würden wir dieses Recht aussetzen, wenn Panzer an unseren Grenzen stehen? Wenn die Sirenen nicht mehr nur in Nachrichten, sondern über unseren Dächern heulen?

Die Ukraine zeigt uns, was passiert, wenn ein Land keine Wahl hat. Sie kämpft, weil Kapitulation Auslöschung bedeutet. Die Welt da draußen zeigt uns: Frieden ist ein Privileg, das verteidigt werden muss.

Russland rüstet längst um – auf Kriegswirtschaft, auf totale Mobilmachung. Fabriken produzieren keine Autos mehr, sondern Munition und Panzer. Schulen lehren nicht mehr nur Geschichte, sondern Schützengrabenbau. Der ganze Apparat ist auf Angriff getrimmt. Und er macht sicher nicht in der Ukraine Halt. «Wo ein russischer Soldat steht, das gehört uns», sagte Putin vor kurzem auf einer Pressekonferenz.

Die russischen Stützpunkte wachsen entlang der finnischen Grenze, die Truppenübungsplätze in Belarus rücken näher an die baltischen Staaten heran. Russland baut Basen, keine Brücken. Das Ziel ist klar: Expansion, Erpressung, Unterwerfung. Wer glaubt, dass es bei der Ukraine bleibt, belügt sich selbst.

Wenn wir nicht aufrüsten, wenn wir nicht bereit sind, dann werden wir eines Tages vor der gleichen Frage stehen wie die Ukraine: Wie weit gehen wir, um zu überleben?

Und wir, die wir uns jetzt über die Ukraine empören, werden dann diejenigen sein, die mit zitternden Händen eine Uniform anziehen. Wir werden keine Wahl mehr haben. Manchmal kann man nicht mehr entscheiden, sondern nur noch reagieren. Weil der Krieg einem diese Entscheidung abnimmt. Und wer glaubt, man könne sich in solchen

Momenten hinter Prinzipien verstecken, wird aufwachen in einer Welt, in der Prinzipien nichts mehr bedeuten. Nur das Recht des Stärkeren.

Meine beiden Gesprächspartner in der Neuköllner Bar haben mir den Abend versaut. Ich gehe. «Du bleibst trotzdem ein Kriegstreiber», rufen sie mir hinterher.

Auf dem Heimweg zünde ich mir eine Zigarette an und muss an eine Frau denken, mit der ich im Zug von Odessa nach Lwiw gesprochen habe. Der Wagen war in ein schummriges, rotes Licht getaucht, das von einer flackernden Deckenlampe kam, die bei jeder Kurve leicht schwankte. Das Rattern der Räder auf den Schienen war gleichmäßig, fast hypnotisch, wie ein Herzschlag. Die Frau, die mir gegenüber saß, war Anfang 30, vielleicht älter – das Leben hatte ihre Züge verhärtet.

Ihre Augen waren müde, tief liegend. Sie trug einen grauen Wollmantel, und ihre Hände lagen gefaltet in ihrem Schoß, die Finger nervös ineinander verschlungen, als wollten sie etwas festhalten, das längst verloren war. Wir haben kaum gesprochen. Ein Nicken beim Einsteigen, ein gemurmeltes «Dobryj vechir», mehr nicht. Ich hatte mich in meinen Sitz sinken lassen, die Kapuze meines Pullovers tief ins Gesicht gezogen, und starrte auf die vorbeiziehende Landschaft. Draußen die verschneiten Felder in die Dunkelheit, nur ab und zu, durchbrochen von einem einsamen Lichtpunkt – ein Haus, ein Auto, vielleicht ein Feuer. Die Scheibe war kalt, mein Atem hinterließ kleine, flüchtige Wolken darauf. Dann, ohne Vorwarnung, beugte sie sich vor. Ihre Bewegungen waren langsam, bedacht, als würde sie einen Entschluss fassen.

Sie zog ein zerknittertes Foto aus der Innentasche ihres Mantels, hielt es kurz in den Händen, als würde sie es wiegen, bevor sie es mir reichte. Ihre Finger zitterten leicht, aber ihre Miene blieb starr. Ich nahm das Bild. Ein junger Mann, vielleicht Mitte 20, in einer Militäruniform. Sein Lächeln breit. Die Augen voller Leben. Der Hintergrund unscharf, ein sonniger Tag, irgendwo auf einer Wiese, mit blassem Himmel. Er sah aus wie jemand, der noch an ein Morgen glaubte. «Mein Bruder», sagte sie, ihre Stimme leise, fast ein Flüstern. «Er ist in Cherson gefallen.» Ich nickte.

Was sagt man in so einem Moment? Was gibt es zu sagen? Sie lehnte sich zurück, ihre Augen wanderten zur Decke, als würde sie dort oben die Geschichte finden, die sie erzählen wollte. «Sie hatten nichts», sagte sie nach einer Pause, ihre Stimme immer noch erschreckend ruhig. «Keine gepanzerten Fahrzeuge. Keine Marder, keine Schützenpanzer. Nichts. Sie mussten zu Fuß übers freie Feld. Wie Zielscheiben in einem verdammten Schießstand.»

Das Wort «Zielscheiben» hing in der Luft. Ich sah wieder auf das Foto, auf das Lächeln des jungen Mannes, und versuchte, mir vorzustellen, wie er über ein offenes Feld lief, den Wind im Gesicht, die Angst in den Gliedern, während irgendwo in der Ferne das Krachen von Granaten die Erde aufriss. «Er starb nicht, weil er kämpfte», sagte sie, ihre Stimme jetzt schärfer. «Er starb, weil er nicht geschützt war.» Sie sah mich an, zum ersten Mal direkt, und in ihren Augen war kein Vorwurf, nur eine Wahrheit. «Sie reden da draußen von Strategien, von Diplomatie, von Verhandlungen. Aber für ihn gab es nur Minuten. Minuten, in denen er hätte leben können, wenn er etwas gehabt hätte, das ihn schützt.»

Sie nahm das Foto zurück und strich mit dem Daumen über die Kante. Dann steckte sie es wieder in ihren Mantel, dicht an ihr Herz, und lehnte sich zurück. Ihre Hände lagen wieder ruhig in ihrem Schoß. Der Zug ratterte weiter. Und ich saß da, das Gesicht des jungen Mannes vor meinem inneren Auge, seine Uniform, sein Lächeln, und dachte an all die Dinge, die wir «Politik» nennen, all die Debatten über Waffenlieferungen, die in Konferenzsälen geführt werden, hunderte Kilometer entfernt. Nichts davon war hier, in diesem Abteil, abstrakt. Es war real, es war greifbar, es war das Gewicht eines Fotos, das Knirschen einer Stimme und das Fehlen eines Menschen. Ich sah das Gesicht ihres Bruders. Und ich wusste: Er starb nicht, weil er kämpfte. Sondern weil er nicht geschützt war.

Zwei Monate später stand ich auf einem Truppenübungsplatz in Ostdeutschland. Nebel über der Heide, Stahlgeruch in der Luft, ein alter Leopard-1-Panzer vor mir. Ich war Übersetzer – und mittendrin. Zwischen Anweisungen, Befehlen und Männern, die mehr über Krieg wussten, als ich je wissen wollte. Es war der Anfang von etwas, das ich bis heute nicht vollständig verstehe.

3.
Der Geruch von Schmieröl und Schießpulver

Mit einem Seufzer nehme ich die beschlagene Schutzbrille ab. Die Luft im Inneren des Panzers steht schwer – ein Gemisch aus Maschinenöl, Staub und feuchtem Atem. Es riecht nach Kriegsvorbereitung, nach Anstrengung, nach etwas, das sich nicht waschen lässt. Neben mir Vogelscheuche – groß, bärtig, schweigsam. Einer der Ukrainer, mit denen ich seit Tagen die stickige Enge dieses Kampfraums teile. Auch er duckt sich unter den stählernen Deckel der Maschine, während draußen der Regen auf den Panzer prasselt wie Splitter auf einen Helm. Vogelscheuche – so nennen sie ihn hier. Rufname. Tarnname.

Kein Mensch, der so genannt wird, hat sich diesen Namen selbst ausgesucht. Es sind Namen, die einem verliehen werden, wie eine Rolle, die man spielt. Eine, die man sich vielleicht irgendwann zu eigen macht. Früher lebte Vogelscheuche in Russland. «Wie war das?», frage ich, halb flüsternd, halb aus Neugier. Er schaut nicht zu mir. Sein Blick haftet an den Hebeln und Schaltern vor uns – als könne man durch reines Anstarren begreifen, wie man in dieser Hölle navigiert. «Es war wie in einem Reich der Untertanen», sagt er nach einer Weile. Ruhig. Ohne Bitterkeit. «Die Menschen dort – sie schienen unfähig, eigenständig zu denken.»

Ich nicke, sage nichts. Vielleicht, weil ich weiß, was er

meint. Vielleicht, weil ich es nicht besser ausdrücken könnte.

Ein System, das nicht nur gehorchen lässt, sondern auch das Denken selbst zu einem Risiko macht. Ich sehe auf das Kontrollpanel. Die unzähligen Bedienelemente, der Richtschützengriff, die Anzeigen und Hebel erinnern mich an ein Spiel aus meiner Jugend. Lenkrad, Pedale, digitale Schlachtfelder. Nur dass dieses hier nicht aus Plastik ist, sondern aus kaltgeformtem Stahl. Kein Spiel, sondern Vorbereitung auf die Wirklichkeit. Hätte mir jemand vor fünf Jahren gesagt, dass ich einmal im Bauch eines deutschen Kampfpanzers stehen würde, mit einem Soldaten, der Russland den Rücken gekehrt hat, ich hätte gelacht.

Ich kann nicht so tun, als wäre ich in dieser Sache objektiv. Nicht, wenn Freunde an der Front kämpfen. Nicht, wenn Russisch, meine Sprache, dieselbe ist wie die des Feindes. Nicht, wenn ich weiß, wie viele aus meinem Umfeld zu Hause schweigen – oder schlimmer noch: relativieren.

Ich entscheide mich, als Übersetzer bei der Panzer-Ausbildungsmission mitzumachen, die mitten in Deutschland stattfindet. Es ist keine heldenhafte Entscheidung, keine, die ich mit Stolz auf einer Pressekonferenz verkünden würde. Sie ist das Ergebnis von Erschöpfung, Zorn und der Weigerung, passiv zu bleiben.

Mehr als vier Monate bin ich dabei. Ich übersetze, trage Werkzeugkisten, ziehe Ölkanister über den Hof, reiche Kabel weiter, reagiere auf Zurufe. Ich laufe von einem Ende des Übungsplatzes zum anderen, helfe beim Einweisen, dolmetsche Funkbefehle, korrigiere, wenn sich Begriffe verhaken. Ich bin da, wo ich gebraucht werde. Nicht als Journalist. Nicht als Intellektueller. Sondern einfach: da.

Ich habe in meinem Leben nie gedient. Ich wusste nie,

wofür ich es hätte tun sollen. Dienen – das war für mich immer ein Wort aus einer anderen Welt. Ein Begriff, der nach Gehorsam roch, nach Uniform, nach etwas, das mir fremd war. Ich habe gelernt, zu analysieren, zu fragen, zu widersprechen. Ich glaubte, dass Denken wichtiger ist als Tun. Dass Zweifel edler ist als Einsatz.

Aber hier, auf diesem Boden, zwischen Männern, die dem Tod näher sind als der Rente, bekommt das Wort «dienen» eine neue Bedeutung. Es geht nicht um Kadavergehorsam – nicht um blindes Befolgen von Befehlen, nicht um das Ausschalten des eigenen Verstands. Es geht darum, die eigene Komfortzone zu verlassen, um sich nützlich zu machen – auch ohne klare Antwort auf das Warum.

Vielleicht muss man nicht alles begreifen, um helfen zu können. Vielleicht reicht es, zu wissen, auf wessen Seite man steht. Ich wusste nicht, wofür ich jemals hätte dienen sollen. Jetzt weiß ich es. Ich diene hier nicht einem Staat, nicht einer Flagge. Ich diene Menschen, die mir vertraut haben, ohne mich zu kennen. Die ihre Leben aufs Spiel setzen, während ich versuche, beim Übersetzen keine Fehler zu machen. Es ist nicht viel. Aber es ist mehr, als nur zuzusehen.

Panzer. Marder. Männer mit grimmigen Gesichtern und Zigaretten zwischen den Lippen, die selbst im Regen nicht erlöschen. Überall riecht es nach Diesel, Metall, kaltem Rauch und Nervosität. Die Angst liegt in der Luft wie ein zweiter Atem – nicht laut, nicht hysterisch, sondern dumpf, unterschwellig, zäh.

Ich bin in einer anderen Welt angekommen. Einer Welt aus Befehlen, Kalibern und Routinen, die mir früher immer wie eine fremde Sprache erschienen war. Die Waffen, die Stahlkolosse, das Denken in Richtung und Feuerlinie – all das hatte ich lange gemieden, beinahe verachtet. Ich hielt mich für einen Menschen des Wortes, nicht der Waffe. Doch hier war das Wort nichts ohne Funktion.

Jeden Abend spüre ich meinen Körper – nicht im romantischen Sinn, sondern durch Schmerz. Jeder Muskel schreit. Mein Rücken, meine Oberschenkel, meine Schultern: alles tut weh. Nicht weil ich gefallen war – sondern weil ich Teil des Krieges geworden war.

Ich strecke mich nach einem Päckchen Wasser aus der Hülsenwanne, greife nach dem Schraubverschluss und drehe ihn langsam auf. Vogelscheuche sitzt neben mir, die Augen auf das Funkgerät gerichtet, als könnte es jeden Moment explodieren. «Gibt es Hoffnung für Russland?», frage ich, fast beiläufig, aber nicht ohne Erwartung. Er dreht langsam den Kopf. Sein Blick ist müde, aber nicht leer. Er denkt nicht lange nach. «Nein», sagt er. «Du hast doch selbst mitbekommen, wie Prigoschin auf Moskau marschiert ist.»

Er spricht leise, als würde er einem Kind etwas erklären, das es längst selbst gesehen hat. «Wir haben alle gehofft, dass ein Mistkerl den anderen beseitigt. Aber Russland funktioniert anders. Da erschießt sich nicht das System, sondern derjenige, der es herausfordert.» Ich nicke. Nicht, weil ich es begreife, sondern weil ich keine Einwände mehr habe.

Als Prigoschin mit seinen Wagner-Truppen auf Moskau marschierte, hielten viele der Männer auf der Basis den Atem an. Nicht aus Angst – sondern aus Hoffnung. Hoffnung, dass sich das Unfassbare doch noch selbst zerstört. Dass vielleicht ein Mistkerl den anderen vom Thron stößt. Dass sich das Monster Russland, wenigstens einmal, selbst ins Fleisch schneidet.

Einige von ihnen begannen vorsichtig zu träumen. Von einer Rückkehr in ein anderes Land. In eine Ukraine, die sich den Frieden nicht mehr gegen den Lauf der Welt, sondern vielleicht mit einem letzten Rest Weltgewissen erkämpfen könnte.

Ein großes Wort. Und doch: Was ist das, dieses Weltgewissen? Vielleicht nichts weiter als die Hoffnung, dass es jenseits von Interessen, Deals und diplomatischen Formeln noch so etwas wie einen moralischen Maßstab gibt. Eine letzte, fragile Instanz, die erkennt, wer überfallen wurde – und wer überfällt. Wer kämpft, weil er muss – und wer, weil er will. Ein leiser Widerstand gegen die Gleichgültigkeit, gegen das kalte Abwägen, gegen das zynische Sowohl-als-auch, das so oft als Neutralität getarnt ist. Weltgewissen – das klingt pathetisch. Aber für die, die unter Raketen schlafen, ist es manchmal das Einzige, woran sie sich klammern können: Die Hoffnung, dass irgendwo auf der Welt noch jemand hinsieht. Und versteht.

Aber nichts davon geschah. Russland blieb Russland. Und Prigoschin starb wie jemand, der zu früh geglaubt hatte, dass Macht verhandelbar sei. «Wir setzen die Fahrt später fort. Es ist Zeit für das Mittagessen», knistert es plötzlich über das Funkgerät. Ich blinzele. Der Regen hat nachgelassen, aber die Luft ist noch schwer. Ich setze meine Schutzbrille wieder auf. Sie ist schmutzig, verschmiert von Staub. Dann ziehe ich mein Halstuch eng um mein Gesicht. Es ist ein Reflex geworden. Wie das Schweigen nach einer schlechten Nachricht. Wie das Wegschauen, wenn der Name eines Gefallenen fällt. Wir steigen aus dem Panzer, Schritt für Schritt, als würden wir die Schwerkraft verhandeln. Mittagessen.

Vogelscheuche gebe ich das Zeichen, sich auf den Fahrersitz zu begeben. Der Ausbilder und ich stehen oben und blicken aus den Luken. Ich übermittle Anweisungen und

Befehle und weise Vogelscheuche den Weg, den wir einschlagen sollen. Ich vermittle Sprache. Soldaten, die viel reden, kürze ich in der Übersetzung ab. Bei Ausbildern, die zu wenig sagen, füge ich Kontext hinzu.

Es ist fast so, als würde ich sie in Echtzeit redigieren. «Vorwärts, dann rechts. Immer weiter. Geschwindigkeit reduzieren. Schalten. Auf der Stelle wenden. Anfahren auf der Anhöhe. Stopp», sage ich ins Funkgerät. Der Panzer folgt den Befehlen, wendet und fährt auf eine Anhöhe, bevor er zum Stillstand kommt. «Vogelscheuche, sichere Position einnehmen», kommuniziere ich über mein Headset. «Verstanden», antwortet er. Nach Wochen intensiver Ausbildung spreche ich die Sprache der Soldaten, knapp und präzise. Gegen meine Schutzbrille prasselt der Regen. Ich wünschte, es gäbe Scheibenwischer für diese Dinger.

Ich klettere auf den Turm, dann auf den Korpus, steige auf den Boden hinab und gehe vorwärts, um Sichtkontakt zum Fahrer herzustellen. Ein Friedenszeichen mit meinen Fingern signalisiert «Licht an!». Danach öffne ich die Schranken, und der Panzer fährt gemäß den Anweisungen des Ausbilders hindurch. Nachdem ich die Schranken wieder geschlossen habe, stelle ich Blickkontakt zum Fahrer her und kehre auf den Panzer zurück. «Vogelscheuche, ich nehme wieder meinen Platz auf dem Panzer ein», kommuniziere ich über das Funkgerät. «Verstanden.»

Wir durchqueren einen Wald, der sich wie ein grüner Schleier zwischen uns und der nahen Bundesstraße legt. Rechts und links raschelt das Unterholz. Es riecht nach feuchtem Laub, nach Maschinenöl, nach Zeit, die nicht vergeht. Erst vor Kurzem war hier ein Soldat verschwunden. Einfach so.

Seine Kameraden haben mir davon erzählt. Wie er seine

Uniform sorgfältig auf dem Feldbett gefaltet hatte – millimetergenau, als wolle er sich von etwas verabschieden, das mehr war als nur Stoff. Obenauf: eine handgeschriebene Notiz, mit blauer Tinte in kyrillischen Buchstaben. «Ich fahre zu meiner Mutter.» Dann hatte er das Zelt verlassen, lautlos.

War durch die Zeltstadt geschlendert, vorbei an der Cafeteria, an den staubigen Wegen, auf denen die Panzer in der Warteschlange auf ihre Reparatur warteten. Vorbei am Schlagbaum, an dem die Wachen standen – doch niemand hielt ihn auf. Vielleicht, weil er zu ruhig wirkte. Zu selbstverständlich. Und dann war er einfach im Wald verschwunden. Kein Ausweis, kein Ziel. Spurlos. Zwei Tage später tauchte er wieder auf.

Die Kleidung verschmutzt, die Augen leer, aber wach. Als ich ihn später traf, sagte er fast entschuldigend: «Ich habe niemanden mehr in der Ukraine.» Seine ganze Familie war nach Deutschland geflüchtet. Seine Urlaubstage waren bedeutungslos. Kein Zuhause. Kein Ziel. Also hatte er beschlossen zu gehen. Nicht aus Feigheit. Auch nicht aus Protest. Sondern aus einem Gefühl der Leere, das irgendwann stärker war als der Gehorsam. Ich dachte lange über diesen Satz nach, den er hinterließ: *«Ich fahre zu meiner Mutter.»* Ein letzter Rest Kindheit in einem Krieg, der alle Väter verschlingt. Manche Desertion ist kein Verrat. Sie ist nur der stille Schrei eines Menschen, der nicht mehr weiß, wohin mit sich. Und manchmal kehren sie zurück – nicht aus Angst vor Strafe, sondern weil sie nichts anderes mehr haben.

Mein Handy vibriert. Zwischen Funkrauschen und Motorendröhnen zieht es meine Aufmerksamkeit auf sich wie ein stiller Notruf. Nachrichten auf Signal. Von dort. «Artur, wie geht es dir? Wir sind in der Nähe von Kupjansk. Halten die Stellung», schreibt ein Soldat, den ich Wochen zuvor noch beim Einsteigen in den Panzer beobachtet habe. Er trug Sonnencreme, als wäre die Front ein Strand. Die nächste Nachricht kommt Sekunden später. «Artur, schau dir das Video an! Wir haben einen russischen Schützengraben eingenommen!»

Ein Link, ein Vorschaubild: Matsch, Geschrei, ein Körper im Gras. Ich tippe während der Fahrt, die Finger klamm vom Regen. «Wie kann das sein? Ihr seid doch Panzerfahrer!» Die Antwort kommt prompt, lapidar, wie zwischen zwei Gewehrsalven getippt:

«Na ja, die Leopard-Panzer sind noch nicht da. Wir haben die Infanterie unterstützt.» Ich starre auf das Display. Was sagt man in solchen Momenten?

Viel Glück?

Kriegt sie?

Macht sie fertig?

Ich will kein Heldentum beschwören, keine Durchhalteparolen. Ich will auch nicht schweigen.

Also tippe ich: «Viel Erfolg bei eurer Arbeit.»

Es klingt wie ein Satz aus einem Bürojob. Wie etwas, das man einem Bekannten schreibt, der eine Präsentation hält oder einen neuen Kunden übernimmt. Doch hier, auf diesem Bildschirm, ist es eine Botschaft an Männer, die vielleicht morgen nicht mehr existieren.

Ich lese die Nachricht noch einmal.

«Viel Erfolg bei eurer Arbeit.»

Was ist «Arbeit», wenn sie darin besteht, sich gegenseitig zu töten? Und was ist ein Satz wert, den man in Sicherheit schreibt – an jemanden, der in diesem Moment vielleicht durch Schlamm kriecht, in Erwartung eines Drohnenschlags?

Vielleicht besteht das Grauen des Krieges im digitalen Zeitalter darin, dass wir ihn in Echtzeit bezeugen – und trotzdem nicht wissen, wie man richtig antwortet. Denn selbst Worte der Anteilnahme laufen Gefahr, banal zu wirken, wenn sie das Sterben begleiten wie höfliche Fußnoten.

Ich tippe, weil ich nichts anderes tun kann.

Und frage mich, ob Mitgefühl aus der Distanz wirklich Mitgefühl ist – oder bloß ein Versuch, das eigene Gewissen zu beruhigen.

Immer wieder erhalte ich diese Nachrichten. Von Soldaten, von Männern, die ich auf der Basis kennengelernt habe. Manche schickten mir Selfies aus der Übungshalle, andere schrieben, wenn sie an der Front eingetroffen waren. Ein kurzer Satz, ein Standort, ein Link zu einem Video. Dann wieder Stille. Manchmal öffne ich einfach nur ihre Profile in den Messenger-Apps.

«Zuletzt online: gestern.» Alles okay.

«Zuletzt online: vor einer Woche.» Vielleicht verwundet. Vielleicht tot. Vielleicht in Gefangenschaft.

Ich starre auf mein Handy, während der Panzer durch den Wald rattert. In meinen Telegram-Kanälen schwirren sie herum, die Bilder: Gefangene, die stumm in die Kamera starren. Zerschossene Körper. Leichen, die niemand mehr abholen wird. Angriffswellen im Zeitraffer. Rauchende Wracks. Zerstörte Panzer.

Irgendwann stumpft das ab.

Nicht plötzlich – schleichend.

Die Videos werden zu Sequenzen. Der Krieg verwandelt sich in Pixel. Und mit jedem Scrollen entfernt sich die Wirklichkeit ein Stück weiter vom Gefühl.

Man schaut, man zuckt – und schaut weiter.

Man denkt: *Noch einer. Noch ein Grab. Noch ein Körper.*

Und das Schlimmste ist: Man denkt nicht mehr lange.

Doch hier, auf diesem Boden, zwischen Bäumen und Marschgeräuschen, holt es mich ein.

Ich sehe ihre Gesichter. Ihre echten. Ihre Stimmen. Ihre Müdigkeit nach der ersten Übung. Ihre Hände, wie sie zittern beim Kaffee und Rauchen. Sie alle wollten einfach nur leben. Überleben. Zurück nach Hause. Noch einmal ihre Kinder sehen, ihre Mütter. Noch einmal aufwachen, ohne Sirene im Ohr. Der russische Angriffskrieg hat ihnen fast alles genommen – Heimat, Sicherheit, Sprache, manchmal auch den Namen. Und dennoch gehen sie weiter. Ziehen sich durch den Schlamm, laden nach, geben nicht auf.

An uns ziehen ukrainische Infanteristen und deutsche Soldaten in Mardern vorbei. Männer mit bemalten Gesichtern, Tarnuniformen, ernsten Blicken. Ich habe über vier Rotationen hinweg mehr als 200 von ihnen gesehen.

Mobilisierte. Freiwillige. Veteranen.

Alkoholiker. Physiker. Totengräber.

Männer, die früher Straßen gebaut oder in Bars Cocktails serviert haben. Männer, die jahrelang arbeitslos waren, und solche, die ihre Stelle bei ihrem Betrieb gekündigt haben, um zu kämpfen. Einige hatten Angst. Andere lachten viel zu laut. Manche wollten gar nicht mehr zurück nach Hause. Fast niemand von ihnen wird je erwähnt werden.

Nahezu unbemerkt von der deutschen Öffentlichkeit kam der Krieg plötzlich nach Europa – und mitten hinein in einen Wald in Deutschland. Ich ducke mich und weiche einem tiefhängenden Ast aus. «Fahrt weiter rechts, am Rand der Straße entlang», rufe ich ins Funkgerät. «Du willst doch nicht, dass mir ein Ast den Kopf abschlägt.» Ein Lachen am anderen Ende. Nur kurz. Und doch ist es genau das: Ein Ast, ein falscher Tritt, ein falscher Satz – und du bist draußen. Aus dem Spiel. Aus dem Leben. Im Krieg entscheidet nicht der Sinn – sondern der Zufall.

Ein Lachen rauscht durch den Funkkanal.

«Artur, ich sorge mich nur um deine Gesundheit. Du musst auch mal ein bisschen Sport machen, wenn du da oben stehst», sagt Vogelscheuche. Seine Stimme trägt ein Grinsen, das man sehen kann, obwohl man es nicht sieht. Ich lache zurück, ein Reflex. Nicht, weil es wirklich lustig ist – sondern weil es das ist, was uns bleibt zwischen Staub und Stahl: ein kurzer Moment des Menschseins.

Die Fahrerkabine des Leopard-Panzers befindet sich auf der rechten Seite – eine kleine, aber folgenreiche Abweichung vom sowjetischen Standard, an den viele der ukrainischen Soldaten gewöhnt sind. Diese Verschiebung zwingt sie, buchstäblich umzudenken. Alles ist hier gespiegelt, verkehrt, westlich. Wir nähern uns der Basis. Langsam, bedächtig, als würde jeder Meter Rückkehr uns die Erlaubnis geben, wieder kurz durchzuatmen. Entlang der staubigen Wege sehe ich bekannte Gesichter. Radartechniker. Sanitäter. Männer aus der Panzertruppe. Einige winken. Andere rauchen. Einer pult mit einem Schraubenzieher an einem defekten Marder.

Die Zeltstadt wächst. Mit jeder Woche, mit jeder Lieferung, mit jedem neuen Gesicht, das auftaucht – und manchmal auch wieder verschwindet. Ich springe vom Panzer, verfehle die Aufstiegshilfe, lande unsanft. Meine Knie protestieren. Meine Stiefel versinken im weichen Boden. «Mittagessen», murmle ich, mehr zu mir selbst als zu jemand anderem. Ich reiche Vogelscheuche und den anderen die Hand. Ein fester Griff, ein kurzes Nicken. «Bis morgen», sage ich. Es ist ein Satz, der nichts verspricht – aber alles bedeutet. Nach dem Mittagessen wird die nächste Gruppe antreten.

Neue Gesichter, neue Fragen, neue Befehle. Die Rotation geht weiter. Auf dem Weg zur Mensa grüßen mich Soldaten. Einige mit einem leichten Kopfnicken, andere mit einem Faustgruß. Man kennt sich. Oder tut zumindest so. Zwischen den Baracken flimmert die Luft.

Der Krieg ist heute ein bisschen weiter weg. Aber nie wirklich fort.

Immer wieder wirbelt der Wind den Staub in mein Gesicht. Er legt sich auf die Haut, in die Haare, auf die Kleidung. Man gewöhnt sich daran – so wie man sich an vieles hier gewöhnt.

Oft bleibe ich einfach stehen, zünde mir eine Zigarette an, rauche mit den Männern. Schweigen. Reden. Lachen. Alles liegt dicht beieinander. Anfangs waren sie skeptisch mir gegenüber. Die meisten Sprachmittler, die sie hier erlebt haben, waren gebürtige Ukrainer. Männer, die Ukrainisch sprechen, in der Westukraine geboren wurden, aus Lwiw oder Tscherniwzi. Ich bin anders. Ich wurde in Kasachstan geboren. Meine Mutter hat belarussische und ukrainische Wurzeln. Mein Vater ist Russlanddeutscher.

Ich spreche Russisch – meine Muttersprache. Eine Sprache, die in mir klang wie Heimat und Kindheit, und die sich inzwischen in ein Werkzeug verwandelt hat. Ein Werkzeug, das ich gegen eine Welt richte, der ich einst nahestand. Eine Welt, die sich selbst verraten hat. Die russische Sprache – sie war nie nur Sprache. Sie war ein System. Ein Raum. Ein Machtmittel.

Heute ist sie für mich das Gegenteil: ein Mittel zur Auflösung, zur Aufklärung, zur Verständigung auf Seiten jener, die gegen Russland kämpfen.

Ich übersetze in der Sprache des Aggressors – gegen den Aggressor. «Artur, hast du die Kopfhörer für mich besorgt?», höre ich von der Seite. Ein ukrainischer Soldat hat mich Tage zuvor darum gebeten. Ich krame in meiner Tasche.

«Hier sind sie», sage ich. «Mit zwei Jahren Garantie.»

Ich stocke. Zwei Jahre. Ein banaler Satz. Und doch hängt plötzlich etwas in der Luft.

Denn viele von ihnen werden keine zwei Jahre mehr erleben.

Der Soldat lacht. Ein kurzes, trockenes Lachen, das alles weiß und nichts sagt.

«Lass uns mal abwarten. Wenn ich nach dem Krieg Deutschland besuche, bring ich sie dir zurück. Dann tauschen wir sie im Laden um.»

Ich nicke. Das ist die Abmachung. Die Garantie gegen das Ungewisse. In einer friedlichen Welt mögen zwei Jahre nichts bedeuten. Ein Vertrag. Eine Quittung. Ein Wimpernschlag. Aber hier – in diesem Niemandsland zwischen Hoffnung und Granatsplittern – sind zwei Jahre eine verdammte Ewigkeit. Ich verabschiede mich von den Männern mit Handschlag und Faustgruß, mechanisch fast. Weiter Richtung Aufenthaltsraum. Vor der Bundeswehrmensa steht Wadim.

Wir reichen uns die Hand. Seine Augen sind glasig. Wir hatten oft über Rock gesprochen – Slayer, Metallica, alte Scheiben. Jetzt schweigt er. «Was ist los?», frage ich, fast flüsternd. «Meine Frau hat mir ein Video geschickt», sagt er. «Mein Sohn spielt Geige. In einem Kinderorchester, 400 Kilometer von hier. Ich hab ihn fast zwei Jahre nicht gesehen. Ich seh zu, wie er groß wird – auf einem kaputten Display. Ich höre Beethoven durch Lautsprecher, die knistern. Und ich bin hier. Bei den Panzern. Bei euch. Im falschen Leben.»

Er hält mir sein Handy hin. Zersprungener Bildschirm,

schiefe Aufnahme. Ein kleiner blonder Junge spielt Beethovens Fünfte. Ich weiß nicht, was ich sagen soll. Ich will etwas tun, aber alles wäre falsch. Also greife ich in die Tasche, hole mein goldenes Sturmfeuerzeug hervor, das mit dem Schwalbenmotiv. «Nimm das», sage ich. «Ihr müsst zur Werkstatt. Heute zerlegen die anderen den Motor.» Ich klopfe ihm auf die Schulter. Es klingt hohl. Da kommt ein anderer Soldat dazu, groß wie ein Schrank. «Wadim, reiß dich zusammen. Sei ein Mann und akzeptier dein Schicksal.»

Ich drehe mich zu ihm. «Und was heißt das – ein Mann sein?» Er schaut mich lange an, schweigt, öffnet dann eine goldene Schatulle. Dreht sich eine Zigarette mit Fingern, der Tabak fällt ihm auf die Stiefel. «Es gibt immer zwei Arten von Männern: Die, die beschützen, und die, die beschützt werden. Als ich 20 war, standen andere vor mir. Jetzt stehe ich vor anderen. So zahlen wir unsere Schuld zurück. An die Väter. An die Großväter. An die, die gefallen sind. Diese Panzer da» – er zeigt auf die dunklen Umrisse der Fahrzeuge – «sind unsere Schuldscheine.»

Ich lasse ihn stehen. Weiter Richtung Aufenthaltsraum. Die Luft flimmert. Ich setze meine pinke Sonnenbrille auf, einfach so, aus Trotz vielleicht. Ich sehe aus wie ein Tourist in einem apokalyptischen Freizeitpark. Ein junger Soldat kommt mir entgegen. Schmal, kaum älter als 20. Er bleibt stehen, mustert mich, bleibt an der Brille hängen. «Geile Sonnenbrille», sagt er. Ich ziehe sie mir vom Gesicht, reiche sie ihm wortlos. Er lacht, setzt sie auf, als wäre sie eine Schutzbrille gegen die Realität. Ich gehe weiter zum Aufenthaltsraum.

Dort sitzt eine Freundin mit einigen Soldaten am Tisch. Sie spielen Durak, das russische Kartenspiel. Ein Spiel, das von der Demütigung lebt. Wer verliert, wird zum «Durak» – zum Idioten. Keine Gnade. Kein Mitleid. So sind die Regeln. Das Spiel stammt aus dem 18. Jahrhundert. Damals war es unter Bauern beliebt, unter jenen, die keine Rechte hatten, aber umso mehr Rituale. Im 20. Jahrhundert verbreitete es sich in der ganzen Sowjetunion. Heute kennt es jeder, der je in einem sowjetischen Haushalt gelebt hat. Jeder, der einen Großvater hatte, der es abends nach der Schicht spielte. Jeder, der weiß, dass es in diesem Spiel nicht um Taktik geht – sondern ums Überleben. Durak ist kein Spiel. Es ist ein Spiegel. Ein Abbild der Welt, aus der diese Männer kommen. Und vielleicht auch ein Vorspiel auf das, was sie erwartet.

«Artur, verdammt, du bist wieder komplett dreckig?», ruft einer der Soldaten lachend quer durch den Aufenthaltsraum. Ich schaue an mir herunter – Staub, Schlamm, Ölflecken. «Na ja, damit man in Ruhe gelassen wird, sollte man wenigstens aussehen, als würde man arbeiten», antworte ich grinsend.

Die Männer lachen, wie so oft. Es sind diese kurzen Momente, in denen der Krieg aus dem Bild rutscht, für einen Sekundenbruchteil. Dann kommt er zurück. Sirenen. Aus meiner Hosentasche. Mein Handy vibriert. Auf dem Bildschirm erscheint der Bombenalarm für Mykolajiw. Ich halte das Display in der Hand, starre auf den roten Balken. Die Sirene ist schrill, eindringlich. Ein Alarm, den man nicht vergisst. Silvester 2022 war ich dort, in Mykolajiw. Nur 40 Kilometer entfernt von der Front. An diesem Tag schoss Russland alles ab, was es hatte – Raketen, Drohnen, Angst. Die Männer um mich herum verstummen. Der Alarmton durchschneidet die Gespräche, reißt alle zurück. Einige starren mich an, als hätte ich soeben eine Bombe gezündet. «Welcher Ort wird bombardiert?», fragt einer. «Mykolajiw», antworte ich. Sie nicken.

Dann drehen sie sich zurück zu den Karten. Ein Spieler legt Pik Sechs. Der andere schlägt mit Pik König. Er ist raus. Der andere bleibt: der Durak. Der Idiot. Ich kenne dieses Spiel seit meiner Kindheit. Mein Großvater brachte es mir bei. Es ist ein Spiel, das nicht bloß gespielt, sondern verinnerlicht wird. Ein Spiel mit einer simplen, fast brutalen Logik: Angriff. Verteidigung.

Der Erste legt vor. Der Zweite muss parieren. Wer nicht kontern kann, verliert. Damals, als Kind, war es ein Spiel am Küchentisch. Mit Tee, mit Keksen. Heute, in diesem Raum, wirkt es wie ein Trainingslager für den Ernstfall. Ein mentales Manöver für Männer, die wissen, was Verteidigung bedeutet. Ich beobachte, wie einer der Soldaten zögert, dann doch schlägt. Wie der andere lacht, aufstockt, wieder angreift.

Bei einem klugen Angriff kann man früh Stärke zeigen, die besten Karten ausspielen, dann nachziehen. Aber wer sich nicht verteidigen kann – wer zu langsam, zu schwach, zu unsicher ist – der muss nehmen, was kommt. Und schweigen. Vielleicht ist der Krieg wirklich wie ein Kartenspiel. Nur dass hier keine Karten auf dem Tisch liegen, sondern Leben.

Je mehr Gelände die Ukraine gewinnt, desto mehr Handlungsspielraum entsteht. Je mehr sie verliert, desto enger wird ihr Spielraum, desto mehr muss sie halten, sichern, verteidigen. In beiden Fällen aber gilt: beweglich bleiben. Denn wer nicht mehr ziehen kann, ist verloren. Wer aufgibt, ist raus. Und im Krieg bedeutet das nicht, Durak zu sein. Sondern tot.

Für einen Moment ist die Stille so unerträglich. Jedem von ihnen ist mit dem Bombenalarm wieder bewusst geworden, wofür sie da sind. Ich blicke auf mein Handy: auf Twitter, eine Debatte. Der Ukraine soll Streumunition von den USA geliefert werden. Menschen, die den Krieg nicht kennen oder auch nicht verstehen, debattieren darüber, als wäre er ein Fußballspiel. Sie werfen mit schweren Worten um sich und schreiben von Genfer Konventionen, vom Stopp der Unterstützung.

Die Diskrepanz zwischen den realen Erfahrungen an der Front und den Diskussionen in der Heimat könnte nicht größer sein. «Was starrst du so auf dein Handy, Artur?», fragen sie mich. «Wieder ein Bombenalarm?» Ich antworte: «Menschen diskutieren die moralische Grundlage eurer Waffenlieferung. In Deutschland diskutieren die Menschen eure Streumunitionslieferungen aus den USA.»

Was ist eine moralische Debatte wert, wenn sie keine Haut kostet? Wenn sie geführt wird mit sauberem Hemd, hinter Fenstern, durch die kein Sirenenton dringt?

Wenn man für ein Argument vielleicht Likes verliert – aber nie ein Bein? Ich lese die Kommentare und frage mich: Wer darf urteilen? Darf man aus sicherer Entfernung über Waffenlieferungen befinden, wenn man nie selbst gebückt im Graben lag? Wenn man nicht weiß, wie es ist, seine Familie über Monate nicht zu sehen, jeden Tag den Tod in der Nähe zu wissen, den eigenen Körper zu verlieren – oder den Verstand? Aber darf man deshalb nicht mehr urteilen? Wäre das nicht auch eine Flucht? Wäre es nicht bequem, sich herauszuhalten – mit der Begründung, nicht betroffen zu sein?

Moralische Integrität ist in Friedenszeiten leicht zu verteidigen. Doch was taugt eine Moral, die sich nur in Abwesenheit von Gewalt behaupten kann? Ich merke, wie ich mich selbst zwischen zwei Polen verliere. Zwischen journalistischer Distanz und persönlicher Verstrickung. Zwischen dem Versuch, zu verstehen – und dem Wissen, dass man aus der Nähe des Krieges keine neutralen Gedanken mehr denken kann. Vielleicht ist das das eigentliche Dilemma:

Dass die einen den Krieg erleben und keine Zeit haben für Debatten – und die anderen die Debatten führen, ohne den Krieg zu erleben. Dass Worte dort enden, wo der Schmerz beginnt. Und dass Schweigen sich oft ehrlicher anfühlt als ein moralisch abgesichertes Urteil. Was bleibt, ist Ohnmacht. Und vielleicht der vorsichtige Versuch, nicht zu urteilen, sondern zu bezeugen. Nicht recht zu haben – sondern zuzuhören. Nicht zu behaupten, man wüsste es besser – sondern einzugestehen, dass man vieles nicht weiß. Und dass das vielleicht der Anfang von Verantwortung ist.

Einer der Männer, Krücke, schlägt mit der Faust auf den Tisch. Die Karten zittern. Die Gespräche verstummen. «Wir kämpfen jetzt schon mit einem Arm auf dem Rücken gebunden!», ruft er. Seine Stimme ist scharf, voll Dreck, Wut und Müdigkeit. «Ich habe Streubombenangriffe der Russen gesehen. Ich habe Leichenteile aufgesammelt. Gedärme von meinen Kameraden in Plastiktüten gesteckt. Ich habe Phosphor gesehen, wie er brennt, wie er Fleisch frisst. Und da sitzen Leute bei dir im Handy und diskutieren über Moral? Hat einer von denen jemals den Krieg gerochen?»

Er wedelt mit seiner Krücke in der Luft, drohend, verzweifelt. Dann sackt er ein wenig zusammen, legt die Hand an die Stirn. «Ich darf mich nicht so stark aufregen. Meine Verletzungen …», murmelt er, mehr zu sich selbst. Seit 2014 kämpft er für die Ukraine. Damals, als alles begann. Er stammt – wie ich – aus Kasachstan. Zwei Kinder. Mehrere Splitter im Kopf. Und Beine, die nie mehr richtig funktionieren werden. In ruhigeren Momenten sprechen wir manchmal über unser altes Geburtsland.

Über die Steppe.

Weite Felder ohne Horizont.

Sandstraßen, die nie enden.

Ein Land, das in uns weiterlebt wie eine verblasste Kindheit.

Er sagt oft: «Nach dem Krieg fahre ich mit den Kindern hin. Zeige ihnen, wie leer ein Ort sein kann – und trotzdem schön.» Wenn er überlebt.

Dann schaut er mich an, seine Augen verengt, prüfend, brennend.

«Artur… Wenn Deutschland angegriffen wird – würdest du für dieses Land kämpfen?»

Ich halte seinem Blick stand, aber nicht lange.

Die Frage trifft mich unvorbereitet, obwohl ich sie mir schon oft selbst gestellt habe.

Aber nie zu Ende gedacht.

Ich zögere. Dann sage ich leise:

«Ich glaube nicht. Ich würde fliehen.»

Er lehnt sich zurück, schweigt kurz – und setzt nach:

«Wohin würdest du fliehen, Artur?»

«Weit weg», sage ich.

Und sofort spüre ich: Das war eine feige Antwort. Ich spüre es in meinem Magen, in meinem Gesicht. Ich schäme mich dafür.

Krücke lässt nicht locker.

«Und was, wenn dieses ‹Weit weg› auch bedroht wird?», fragt er.

Ich schweige.

Denn ich weiß es nicht. Ich weiß es wirklich nicht.

Vielleicht will ich es nicht wissen. Vielleicht will ich mir nur ein Hintertürchen offenhalten.

Dann sagt Krücke etwas, das in mir hängen bleibt:

«Irgendwann kommt der Moment, in dem du nicht mehr zurückweichen kannst. Dann hast du keine Wahl mehr. Dann fliehst du nicht. Dann kämpfst du. Nicht weil du willst – sondern weil du musst.»

Er dreht sich eine Zigarette mit einer Hand. Hinter ihm lachen die Männer wieder, das Kartenspiel geht weiter. An der Kaffeestation klirren Tassen, jemand gießt Zucker nach. Der Krieg macht keine Pausen, nur andere Geräusche.

Krücke steckt sich die Zigarette in sein Gesicht aus Bart und Narben. Dann sagt er, während der Rauch sich um seine Worte legt: «Solange du noch selbst entscheiden kannst, ob du kämpfst oder fliehst – bist du frei. Aber wenn du es nicht mehr kannst, wenn der Krieg dich einholt, egal wo du bist – dann bleibt dir nur noch eins: Dann kämpfst du für deine Freiheit.» Ich blicke ihn an.

Und zum ersten Mal frage ich mich nicht mehr, ob ich fliehen würde. Sondern, wie lange ich mir noch einreden kann, dass diese Entscheidung in meiner Hand liegt.

Denn so vieles von dem, was ich für selbstverständlich hielt, ist das nicht. Die Freiheit, Nein zu sagen. Die Freiheit, aufzubrechen, zu bleiben, zu widersprechen. Die Freiheit, Fragen zu stellen, ohne dass jemand mit einem Gewehr antwortet.

Deutschland hat meiner Familie viel gegeben. Wir kamen in den 90ern – aus einem Land, das auseinanderfiel, in ein Land, das uns aufnahm. Nicht herzlich immer, nicht gerecht. Es gab Rassismus, Abwertung, Ablehnung. Ich erinnere mich an vieles, was wehgetan hat. Und doch: Deutschland hat uns Bildung ermöglicht, Sicherheit, ein Leben in Würde.

Und Europa, bei all seiner Bräsigkeit, seinen Kompromissen, seiner Selbstverliebtheit – ist das Beste, was wir haben. Eine zerbrechliche Ordnung, die nicht perfekt ist, aber besser als das Chaos, aus dem wir kamen. Wer das vergisst, weil er sich in moralischer Reinheit eingerichtet hat, hat nie verstanden, was es heißt, wirklich schutzlos zu sein.

Ich weiß nicht, wie lange ich mir noch vormachen kann, dass ich nicht Teil dieses Krieges bin. Vielleicht hat Krücke recht. Vielleicht ist Freiheit nicht die Abwesenheit von Zwang – sondern die Fähigkeit, das Richtige zu tun, auch wenn man Angst hat.

Ich reiche Krücke ein Feuerzeug. Im Aufenthaltsraum versammeln sich die Soldaten. Mit jeder Minute füllt sich der Raum mit weiteren Gesichtern. Einige von ihnen haben heute die schreckliche Nachricht erhalten, dass Brüder, Schwestern und Freunde an der Front gefallen sind. Andere sprechen über Videotelefonie mit ihren Kindern und Partnern. Viele dieser Männer haben seit Kriegsbeginn ihre Familien nicht mehr gesehen. Der Raum ist voll dichtem Qualm. Ich habe Mühe zu atmen. «Artur, komm zu den Panzern. Wir müssen üben», ruft Sniper, einer der drei Soldaten, die mich mitnehmen wollen. Seinen Rufnamen «Sniper» hat er aufgrund seines Schielens erhalten.

Sein Schielen ist nicht angeboren, sondern das Ergebnis der «wilden 90er Jahre» in Kyijw, als Jugendbanden sich zu Schlägereien trafen. Seine Kameraden machen sich über ihn lustig, behaupten, er besitze eine einzigartige Superkraft, weil er angeblich gleichzeitig in zwei Richtungen schauen könne. Buddha, Sniper und Cowboy drängen darauf, sofort mit dem Training zu beginnen. Jede Minute für die Ausbildung ist von unschätzbarem Wert, denn diese Männer wollen lernen, wie die westliche Technik funktioniert. «Ich habe gehört, morgen kommen Politiker aus dem EU-

Parlament, um sich die Basis anzusehen», teile ich den Jungs mit.

Cowboy, ein Mann in seinen 40ern mit Hut und einem Grashalm im Mund, der einst in der Ukraine in zahlreichen Bars Punkmusik spielte, fragt, ob wir wieder eine Vorstellung für diese hochrangigen Gäste inszenieren müssen. Ein anderer Soldat ruft: «Müssen wir hier auch das Gras grün streichen?» Gelächter.

Ich spüre meinen Hunger. «Jetzt habe ich vergessen, essen zu gehen», sage ich Cowboy. Er zuckt mit den Schultern. «Hunger, das ist ein normales Gefühl im Krieg. Manchmal ist die Versorgung so schlecht, dass wir tagelang nichts zu essen bekommen», sagt er. «Wenn du den Hunger spürst, heißt es, dass du in der Realität bist. Wenn du ihn nicht mehr spürst, ist alles verloren», setzt er nach. Buddha sagt: «Das ist wie mit der Angst. Wenn du an der Front Angst zeigst, kann es wie ein Virus auf andere übergreifen. Dann ist man handlungsunfähig.» Er schiebt sich ein Kaugummi in den Mund. Als einer der wenigen raucht er nicht. «Hört jetzt mal auf mit dem Gelaber. Wir gehen!», sagt Sniper. Gemeinsam mit Sniper, Cowboy und Buddha passieren wir die Werkstätten, vorbei an den Panzern, die für Ersatzteile demontiert werden.

Hier beobachten wir ukrainische und deutsche Techniker, wie sie miteinander über Google-Translate oder DeepL kommunizieren, nur mit Gesten über Witze lachen und sich dabei die Feinheiten der Mechanik beibringen. An den Panzern führen die Männer vor der Benutzung einen technischen Check durch, bei dem sie den Ölstand, das Kühlwasser und die Bremsflüssigkeit überprüfen. Cowboy umrundet den Panzer und schüttelt den Kopf. «Diese Panzer werden niemals die ukrainische Front erreichen. Diese Werkzeuge verschwinden spätestens an der Grenze. Wir führen in der Ukraine einen Zwei-Fronten-Krieg – gegen die Korruption und gegen die Russen. Hätten wir nicht mit der Korruption zu kämpfen, hätten wir die Russen schon vor Monaten aus unserem Land vertrieben», sagt Cowboy. Nie zuvor habe ich von einem ukrainischen Soldaten derartige Kritik an den Verhältnissen im eigenen Land gehört. Tatsächlich maulen viele von ihnen offen über Selenskyj und die Regierung. Sie rufen nach mehr Sold und beschweren sich, dass die ukrainische Obrigkeit ihren Einsatz nicht würdige.

«Wir sind für die da drüben in Kyijw nichts als Abschaum. In der modernen Ukraine haben wir keinen Platz mehr», sagt Buddha, der immer auf dem harten Boden schläft und vor dem Schlafengehen buddhistische Literatur studiert. Trotz all der Dinge, die sie an der ukrainischen Regierung aussetzen, wollen sie kämpfen. Unter russischer Okkupation will keiner leben. «Die Probleme in der Ukraine sind unsere Probleme. Wir haben sie von der Sowjetunion geerbt», sagt Cowboy. «Kannst du mir den Schraubenschlüssel aus der Kiste holen?» Wir steigen auf die Panzer, durchqueren einen Wald, parallel zur Bundesstraße und landen auf einem alten sowjetischen Übungsplatz, in der Mitte des Platzes eine Tribüne, auf der zu DDR-Zeiten hochrangige sowjetische und ostdeutsche Militärs den Übungen beiwohnten.

Hier verschwimmen die Grenzen von Gegenwart, Vergangenheit und Zukunft. Schon in der DDR haben dort sowjetische Soldaten gedient: Ukrainer, Russen, Belarussen. Heute bekämpfen sie sich gegenseitig. Die Ausbilder, die Übersetzer und die Soldaten steigen für eine kurze Raucherpause aus den Panzern. Die Gesichter verschwinden im Qualm, während sie Videos auf ihren Handys ansehen, Zigarette um Zigarette anzünden. Einer der Ausbilder kommt auf mich zu, grinst und sagt: «Artur, du siehst aus wie ein Linker, oder?»

Ich zucke mit den Schultern, will schon etwas entgegnen, da erzählt er mir eine Geschichte. Als er selbst bei der Bundeswehr war, gab es da diesen einen Typen. Ein Linker. Der hatte irgendwie verpennt, rechtzeitig seine Gewissensverweigerung einzureichen – oder er hatte es einfach nicht durchgezogen. Jedenfalls landete er doch beim Bund. Er war aufsässig, widersprach ständig, stellte alles in Frage. Ein typischer Systemkritiker.

«Ich konnte ihn nicht ausstehen», sagt der Ausbilder. «Wegen seiner politischen Überzeugungen. Der Typ war voll auf Konfrontation. Aber dann …» – er macht eine kurze Pause, zieht an seiner Zigarette – «Am Ende der Ausbildung war er der beste von uns. Nicht weil er besonders stark war oder besonders klug. Sondern weil er mitgezogen hat. Wenn einer zusammengebrochen ist, hat er dessen Rucksack getragen. Wenn jemand nicht mehr konnte, hat er ihn gestützt. Ohne große Worte. Einfach so. Aus Solidarität.» Er blickt ins Leere, als würde er selbst nicht genau wissen, warum ihn das so beeindruckt hat.

«Ich habe ihn gehasst für das, was er dachte. Aber ich habe ihn respektiert. Weil man sich auf ihn verlassen konnte.»

Ich denke oft an diese Geschichte zurück, die mir ein Ausbilder während einer Raucherpause erzählte. An diesen linken Soldaten, der alles infrage stellte, aber dennoch zum verlässlichsten Kameraden wurde. Es war kein Wandel der Überzeugung, kein Bekenntnis zur Institution – sondern eine Entscheidung im Angesicht der anderen. Eine Entscheidung für Verantwortung, nicht für das System. Vielleicht liegt in solchen Momenten die Wahrheit über uns. Nicht in dem, was wir sagen, sondern in dem, was wir tun, wenn niemand applaudiert. Nicht in der Reinheit der Ideologie, sondern in der Fähigkeit, das Gewicht des anderen zu tragen – wortwörtlich.

Diese Episode hat sich in mir festgesetzt, weil sie eine Leerstelle trifft, die viele Diskussionen über Krieg, Moral und Pazifismus ignorieren: Die Tatsache, dass Solidarität nicht immer mit Zustimmung beginnt.

Dass man sich auf jemanden verlassen kann, dessen Denken man ablehnt – aber dessen Handeln rettet. Und dass manchmal genau das zählt. Mehr als jedes Plakat, jede Rede, jede Distanzierung.

In der Ukraine kämpfen Menschen mit völlig unterschiedlichen politischen Überzeugungen Seite an Seite. Anarchisten, Konservative, Liberale, Linke, Rechte und Rechtsradikale – vereint nicht durch ein gemeinsames Weltbild, sondern durch einen gemeinsamen Feind. Was im Frieden unvereinbar schien, wird im Krieg zweitrangig.

Auch in Deutschland reicht die Unterstützung für die Ukraine von rechts bis weit nach links – während es gleichzeitig in beiden Lagern Stimmen gibt, die sich offen gegen jede Form von Hilfe stellen. Es ist eine paradoxe Koalition: Antifaschisten spenden für Drohnen, Konservative für Helme, postmigrantische Kollektive organisieren Fahrzeuge für Brigaden. Manche haben sich sogar entschieden, selbst an die Front zu gehen – als Sanitäter, Logistiker, Ausbilder oder Kämpfer. Und auf der anderen Seite: libertäre Putinfreunde, orthodoxe Friedensbewegte, alte Linke im Schulterschluss mit rechtsradikalen Querfrontlern.

Der Krieg hat die ideologischen Linien nicht gelöscht –

aber er hat gezeigt, dass sich Haltung nicht mehr an Parteigrenzen ablesen lässt. Sondern an der Frage:

Was tust du – wenn du weißt, dass Unrecht geschieht?

Selbst Russen kämpfen heute auf Seiten der Ukraine. Männer, weil sie verstanden haben, was auf dem Spiel steht. Andere sind ins Exil gegangen – und kehrten mit Waffen zurück. Nicht alle sind Helden. Manche sind Getriebene. Aber sie alle haben eine Entscheidung getroffen: gegen die eigene Herkunft, gegen die Lüge, gegen den Terror. Gegen die sogenannte «russische Welt». Verrat ist eine Haltung, die Mut verlangt.

«Artur, komm mal her!», sagt Cowboy. «Wir haben nicht mehr lange bei der Ausbildung. Ich will dir etwas schenken.»

Er zeigt auf seine Uhr. «Ich habe diese Uhr in Bachmut getragen.» Die Zerstörung, die die Russen in Bachmut angerichtet haben, spiegelt sich in der Uhr. Sie scheint wie neu zu sein, und doch fühlt es sich an, als hätte sie alle Schrecken dieser Welt miterlebt. «Für mich ist dort die Zeit stehen geblieben», sagt Cowboy und hält mir die schwarze G-Shock-Uhr hin. «Ich glaube, sie nützt dir mehr.»

Wir rauchen und blicken auf den Panzer, der im aufgewirbelten Staub steht. «Die Panzerung des Leo 1 ist schlecht», sagt Sniper. «Dafür ist er schneller als die sowjetischen Modelle. Im Krieg geht es darum, seine Zeit zu nutzen», antwortet Buddha. Wir setzen die Nachtsichtgeräte in den Panzer ein. Die Nacht bricht über uns herein. Wir fahren in die Dunkelheit.

4.
Zeit bedeutet Überleben

«Schießen einstellen. Abbrechen, Abbrechen. Unfall. Unfall.» Die Worte durchdringen mein Funkgerät im Kommandoposten, gefolgt von einem Schrei, der sich anhört, als würde jemand im Innern des Panzers verzweifelt um sein Leben rufen. Mir wird schlecht.

An den Fenstern des Kommandopostens stehen deutsche Soldaten, die die Arbeit der Ukrainer mit scharfen Blicken überwachen. Sie halten ihre Ferngläser hoch, wie Schiedsrichter beurteilen sie jeden einzelnen Schuss. «Panzerfront zerstört!», brüllen sie durch die Stille des Raumes, ihre Stimmen von einer Mischung aus Entschlossenheit und Aufruhr gefärbt. «Infanterie, Schuss!», hallt es weiter.

Der deutsche Hauptmann zieht seine Augenbrauen hoch und wirft mir einen fragenden Blick zu: «Was ist denn jetzt schon wieder mit diesen Männern los? Haben sie wieder Probleme beim Laden der Kanone?» Ich umklammere den Hörer des Funkgeräts fest und wiederhole mir in Gedanken immer wieder: «Bleib ruhig. Bleib ruhig.» Tief atme ich ein und erkläre dann mit ruhiger Stimme: «Es hat sich ein Unfall ereignet.» Mir wird klar: Es gibt hier keinen geschützten Raum. «Wir müssen die Übung abbrechen.»

Am Fenster halten die Ausbilder inne. Niemand spricht. Nur das Surren der Klimaanlage, das leise Ticken der Uhr, das Rauschen des Funkverkehrs – und irgendwo draußen der Rauch, der aufsteigt.

Aus dem Kommandoturm heraus beobachte ich, wie zwei von drei Panzern ihre Ziele angreifen. Lastkraftwagen, Infanterie, feindliche Panzer – sie werden mit Präzision zerpflückt, als wären es bloße Datenobjekte in einem Videospiel. Die Bildsprache der Zerstörung ist vertraut: Einschläge, Staubwolken, Trefferquote. Auf den Gesichtern der Ausbilder liegt konzentrierte Professionalität, aber auch eine merkwürdige Spielfreude. Wie beim Eurovision Song Contest werden Punkte verteilt: «Infanterie getroffen – fünf Punkte.» «Zielpanzer ausgeschaltet – sieben Punkte.» Am Ende gibt es eine Gesamtwertung vom Hauptmann: Ukraine – zehn Punkte.

Ich merke, wie mir die Absurdität dieses Moments in den Nacken kriecht. Alles wirkt wie eine Simulation, wie ein Turnier – sauber, messbar, gamifiziert. Krieg als Wettbewerb, Krieg als Score. Manchmal frage ich mich, ob das Absicht ist. Ob es einfacher ist, sich der Realität zu nähern, wenn man sie in Spielregeln übersetzt. Wenn man Trefferquoten zählt statt Körper. Wenn Punkte mehr bedeuten als Wunden. Vielleicht ist es ein Schutzmechanismus.

Vielleicht aber auch ein Verrat an dem, was Krieg wirklich ist: Schmerz, Chaos, Schuld. Kein Spiel. Kein Levelaufstieg. Nur Wirklichkeit. Alles wirkt durchgeplant, simulierbar, sicher – bis es das nicht mehr ist. Bis jemand blutet. Bis jemand schreit. Die Illusion bricht nicht durch den Schuss, sondern durch das Echo, das niemand vorhergesehen hat. Und plötzlich begreift man: Das hier ist kein Spiel. Es ist nur die Vorstufe zum Ernstfall.

Doch plötzlich reißt einer der Panzer aus der Formation aus. Mit kreischendem Getriebe setzt er rückwärts, viel zu schnell, wirbelt eine Staubwolke auf, die die Sicht auf Sekunden hinaus völlig verschluckt. Sand peitscht gegen die Fenster des Kommandopostens. «Was macht der da?» fragt einer der Ausbilder leise. Niemand antwortet.

Als der Staub sich langsam legt, kommt der Koloss ruckelnd zum Stehen. Aus der Luke des Turms schiebt sich mühsam ein Körper – ein Soldat, der sich an den Rändern der Öffnung festkrallt, als kämpfe er gegen die Schwerkraft selbst. Der Hauptmann neben mir bleibt ruhig, doch seine Kiefermuskeln zucken.

Er sieht mich an, mit dieser professionell geübten Mischung aus Autorität und Gelassenheit. «Geben Sie ihnen über Funk Bescheid, dass wir eine kurze Pause einlegen.» Ich nicke, noch bevor ich wirklich begreife, was ich da tue, greife zum Mikrofon und drücke die Taste: «Panzer Alpha, Bravo, Beta. Position 1 einnehmen. Wir unterbrechen die Übung. Sicherheit herstellen.» Meine Stimme klingt klarer, als ich mich fühle. Dann sehe ich es: Der Mann auf dem Panzer taumelt, torkelt, kippt zur Seite – und fällt. Wie in Zeitlupe kippt er vom Stahl in den Staub, bleibt reglos liegen. «Können Sie nachsehen, ob es dem Soldaten gut geht?» fragt mich der Hauptmann.

Ich nicke erneut, automatisch, als wäre ich selbst ein Befehlsempfänger. Greife mir das Funkgerät, reiße die Tür auf, sprinte die Treppenstufen hinunter.

Während ich die wenigen Treppenstufen hinunterlaufe, schlagen mir bereits die ersten dumpfen Detonationen entgegen. In anderen Abschnitten des Übungsgeländes donnern die Panzer weiter – der Krieg simuliert keine Pause.

Jeder Schuss klingt, als würde er direkt durch meinen Brustkorb gehen. Metall auf Metall. Geknatter. Explosion. Dann wieder Stille, gefolgt von einem heiseren Motorengeräusch. Mit jedem krachenden Einschlag zieht sich mein Magen zusammen, mein ganzer Körper spannt sich, als wolle er sich selbst verteidigen. Die Gänsehaut breitet sich wie ein Reflex über meine Arme aus – nicht vor Kälte, sondern vor etwas Tieferem. Etwas, das ich nicht benennen kann.

Ich renne zwischen zwei Sandwällen hindurch, der Staub klebt an meinen Schienbeinen, der Wind trägt Rauch mit sich. Ich erkenne den Panzer sofort – derjenige, der rückwärts ausbrach. Er steht schief, als wäre er in sich zusammengesackt. Ein Stück verkantet im Erdreich. Vor ihm, reglos im Staub: der Soldat.

Er liegt auf der Seite, die Uniform voller Schlieren und Risse, sein Helm ein paar Meter weiter, als hätte ihn jemand vom Kopf gerissen. Staub bedeckt sein Gesicht, seine Lider flackern kaum merklich. Seine Hände – blutig. Als gehörten sie nicht mehr zu ihm.

Ein beißender Geruch liegt in der Luft. Verbranntes Metall, Gummi, Maschinenöl. Und etwas anderes – etwas, das an verbrannte Haut erinnert, auch wenn ich hoffe, dass es nicht das ist.

«Was ist passiert?» frage ich, ducke mich neben ihn. Meine Stimme klingt fremd, zu laut in dieser Stille zwischen den Einschlägen.

Sein Gesicht ist verzerrt vor Schmerz, blass vor Schock. Die Lippen zittern, seine Wangen sind mit Staub und Schweiß überzogen, und aus seinen Augen rinnt eine Mischung aus Tränen und Panik. Er hält die Hände hoch, als wolle er sie mir zeigen – oder als könne er selbst nicht glauben, was er da sieht. «Meine Finger …» keucht er, röchelnd, abgehackt, seine Stimme kaum mehr als ein Hauch. Ich trete einen Schritt näher, gehe in die Hocke. Da erst erkenne ich das ganze Ausmaß: Zwei Finger fehlen komplett, blutige Stümpfe, aus denen dunkles, dickes Blut tropft und sich in den Staub unter ihm frisst. Zwei weitere Finger hängen nur noch an Sehnen, baumeln grotesk zur Seite.

Mein Magen krampft sich zusammen, als hätte mir jemand in die Eingeweide geschlagen. Ich schlucke, zwinge mich hinzusehen, obwohl mein Körper am liebsten wegspringen würde. «Ich… ich wollte nur die Kanone laden», schluchzt er. Seine Stimme bricht weg, dann ein röchelndes Nachziehen von Luft, fast wie ein Schluckauf. «Ich hab … das Geschoss nicht richtig eingesetzt. Es war verkantet … und ich hab gedrückt, gedrückt …» Er schüttelt den Kopf, verzieht das Gesicht vor Schmerz. «Dann … der Verschluss … er ging zu … einfach zu. Und dann …» Er hebt wieder die Hände, wie zum Beweis.

Von der Seite stößt ein Soldat zu mir, seine Stiefel wirbeln Staub auf. Er beugt sich leicht vor, mustert mich, dann den Verletzten.

«Kannst du Blut sehen, Artur?» Seine Stimme ist kurz angebunden, fast beiläufig – als wäre das eine normale Frage, die man eben stellt, wenn ein Mensch am Boden liegt. Ich halte inne. Schaue nochmal auf die Hände, auf die Lache, die sich unter dem Soldaten ausbreitet, dunkel, schwer. Dann nicke ich. «So viel ich eben sehen kann», antworte ich leise. Meine Stimme klingt fern, wie durch Watte. Noch nie habe ich so viel Blut gesehen. Nicht auf einmal. Nicht in dieser Dichte, in dieser Farbe.

Rückblickend wirkt alles wie in einem fiebrigen Traum, als hätte jemand die Realität beschleunigt, ohne Rücksicht auf Übergänge. Schüsse, irgendwo ganz nah. Eine Explosion im Norden des Geländes, die den Boden unter uns erzittern lässt. Stimmen überlagern sich, Befehle, Rufe, Fragen – dann wieder nur der Schmerz, der sich in das Gesicht des Verwundeten schreibt. «Sanitäter! Wir brauchen Sanitäter hier!», ruft einer.

Aus allen Richtungen beginnen sich nun Silhouetten zu bewegen. Erst vereinzelt, dann schneller. Soldaten stürmen herbei, rennen, schleppen Taschen, halten Helme fest, so zumindest meine verschwommene Erinnerung.

Ein deutscher Ausbilder nähert sich, schwitzend, mit der Wucht eines Mannes, der die Kontrolle behalten muss, obwohl alles entgleitet. Seine Stimme ist hart, aber nicht unfreundlich, mehr wie ein Hammer auf kaltes Metall:

«Artur, übersetze! Jetzt.»

Ich fahre zusammen, schüttle mich wie aus Trance. Die Übergänge zwischen Beobachter und Akteur verschwimmen. Ich bin nicht mehr nur stiller Dolmetscher. Jetzt muss ich handeln.

«Wie geht es dir?» frage ich, beuge mich ein wenig zu ihm hinunter. Meine Stimme zittert kaum noch – vielleicht aus Gewohnheit, vielleicht aus Erschöpfung. Er hebt die Hände, oder das, was davon übrig ist, ein Stück in die Luft. Blut tropft von den aufgerissenen Handflächen in den Staub. «Schaut auf meine Finger», sagt er mit rauer Stimme, «so geht es mir.»

Ich nicke langsam, übersetze den Satz. Die deutschen Soldaten neben mir nicken ebenfalls – ein stummes, professionelles Nicken, das sagt: *verstanden, registriert, weiter.*

Einer von ihnen spricht, ohne die Miene zu verziehen: «Wo sind seine Finger?»

Ich frage. Der Soldat hebt den Kopf, seine Augen sind glasig, doch in seinem Blick liegt nun eine Spur Trotz.

Langsam richtet er sich auf, stützt sich mit dem unverletzten Arm ab, setzt sich in den Schneidersitz – eine fast würdevoll wirkende Haltung. Dann spuckt er auf den Boden, zielt genau zwischen zwei Stiefel.

«Im Panzer», sagt er.

Ein paar Sekunden lang sagt niemand etwas. Der Satz hängt schwer in der Luft. Dann dreht sich einer der deutschen Ausbilder zum nächsten Mann, ein sanft gebräunter Obergefreiter mit blondem Bart, und gibt trocken den Befehl: «Geh in den Panzer. Nimm einen Kühlbeutel mit. Und … sammel seine Finger auf.»

Der Bartträger erstarrt kurz, als habe er sich verhört. Dann schüttelt er kaum merklich den Kopf, zieht wortlos einen weißen Kühlpack aus dem Sanitätstaschenanhänger am Gürtel und macht sich auf den Weg. Ich sehe ihm nach, wie er an dem reglosen Panzer vorbeigeht, dessen Luke immer noch offensteht wie ein schiefes Maul. Die Umgebung um uns herum scheint stiller zu werden, während sich alle Augen auf den Verletzten richten. Einige Soldaten flüstern miteinander, andere schauen stumm zu, wie der Soldat die Blutung der abgetrennten Finger notdürftig zu stillen versucht.

Nach zehn, vielleicht fünfzehn oder zwanzig Minuten – ich habe längst das Zeitgefühl verloren – trifft endlich der Sanitätswagen ein. Kein Blaulicht, kein Getöse, nur das dumpfe Knattern des Dieselmotors, das sich in das monotone Grollen der Übung einfügt. Zwei Sanitäter springen heraus, routiniert, wortlos. Einer kniet sich neben den Soldaten, der andere öffnet die Hecktüren. Alles geht schnell, präzise – wie ein eingeübter Ablauf.

Einer der Sanitäter hält den weißen Kühlbeutel in der Hand, vorsichtig, mit beiden Händen, als könnte ein falscher Griff alles zunichtemachen. Sorgfältig verschnürt, fast ehrfürchtig – als trüge er kein abgetrenntes Gewebe, keine zerschmetterten Fingerknochen, sondern etwas Wertvolles. Etwas, das man retten muss.

Und das ist es ja auch.

Diese Finger waren nicht nur Körperteile. Sie waren Werkzeuge, Sensoren, Träger von Handlung, von Willen. In einem Krieg, in dem jede Bewegung zählt, sind Finger wie Schalter: für Sicherheit, für Risiko, für Angriff. Sie sind dazu da, den Verschluss zu bedienen, den Abzug zu ziehen, zu halten, zu drücken, loszulassen.

Finger entscheiden über Leben und Tod.

Manchmal in Millisekunden.

Und wenn sie abgetrennt auf Eis liegen, verliert ein Mensch nicht nur Teile seines Körpers, sondern auch seine Funktion in dieser Maschine.

Dann höre ich Schritte auf Kies. Der Hauptmann kommt den Hang vom Kommandoturm herunter, energisch, mit dem aufrechten Gang eines Mannes, der nie zögert.

Er bleibt einen Meter vor mir stehen, mustert mich mit einem Blick, der gleichzeitig kollegial und unerbittlich ist.

«Wir können uns keine Unterbrechungen leisten. Auch wenn so etwas passiert.»

Eine Pause.

«Verstanden?»

«Verstanden.»

Ich nicke. Nicht, weil ich es wirklich verstehe – sondern weil ich weiß, was jetzt von mir erwartet wird. Dann dreht er sich um, geht zurück zum Kommandoturm.

Und ich bleibe zurück, den Blick auf die Reifenspuren im Staub gerichtet. Der Krieg hat noch nicht einmal begonnen, und schon muss ich lernen, weiterzumachen, als wäre nichts gewesen.

Langsam kommt Bewegung in die Reihen, und die Soldaten machen sich bereit für das nächste Manöver. Während ich zuschaue, wie sie sich sammeln und ihre Positionen einnehmen, denke ich an den verletzten Soldaten und hoffe, dass er seine Finger zurückerhält. Doch für den Moment gibt es keine Zeit für Zweifel oder Ablenkungen. Die Übung geht weiter.

Mit einem letzten Blick in die Richtung, in die der Krankenwagen verschwunden ist, wende ich mich ab und konzentriere mich auf das Kommende. Die Vorbereitung auf einen Krieg wartet nicht. Zeit bedeutet Überleben.

An den Fenstern des Kommandopostens stehen wieder die deutschen Soldaten, aufrecht, die Ellbogen leicht angewinkelt, als hätten sie ihre Haltung trainiert. Ihre Ferngläser glänzen im Licht der flachen Nachmittagssonne, in ihren Blicken liegt Schärfe, Kontrolle – und ein Anflug von Stolz. Wie Schiedsrichter bei einem Turnier beurteilen sie jeden einzelnen Schuss:

«LKW zerstört!» ruft einer.

«Turmtreffer! Bravo!» ein anderer.

«Infanterie, Schuss!» hallt es weiter.

Ich stehe wieder an meinem Platz, das Funkgerät in der Hand, mechanisch, wie ferngesteuert. Um mich herum riecht es nach frisch aufgebrühtem Kaffee, nach Papier, Metall und Routine. Ein deutscher Soldat tritt an mich heran, jung, glattrasiert, die Wangen noch gerötet vom Wind draußen. Ohne viel Aufhebens klopft er mir auf die Schulter. Nicht grob, nicht freundschaftlich – irgendwas dazwischen.

«Unfälle gehören dazu», sagt er. Fast beiläufig. Fast wie ein Trost. Ich nicke nicht. Ich sage auch nichts.

Denn was soll man darauf antworten? «Unfälle gehören dazu» – das ist ein Satz aus einer Welt, in der alles kalkuliert ist. Wo Risiko Teil der Ausbildung ist. Verlust ein Preis. Und Menschlichkeit ein Störfaktor, der effizient bearbeitet werden muss. Ich nehme einen Schluck vom kalten Kaffee und starre auf das Gelände draußen. Der Rauch hat sich verzogen. Die Übung läuft weiter. Alles läuft weiter.

Nur ich, ich bleibe kurz stehen.

Und frage mich:

War das hier nicht doch mehr als nur eine Übung? War das nicht – trotz aller Kontrolle, aller Sicherheitsprotokolle, aller Ferngläser und Bewertungen – eine Art Simulation der Front?

Nicht im taktischen Sinne, nicht als Planspiel, sondern auf einer tieferen, unheimlicheren Ebene.

Der plötzliche Unfall.

Das Blut.

Der Schrei.

Der Befehl, weiterzumachen.

Das Schulterklopfen.

Die Gleichzeitigkeit von Schmerz und Routine.

Vielleicht ist das die eigentliche Lehre hier: Dass sich Krieg nicht erst im Ernstfall entfaltet, sondern schon in der Vorbereitung – in den Abläufen, in der Sprache, in der Kälte, mit der man wieder auf «Play» drückt, wenn der Körper weggetragen wurde. Was wir hier geprobt haben, war nicht nur Technik. Es war Haltung. Verhalten. Reaktion. Ein Finger weniger, zwei Punkte mehr. So fühlt es sich an, wenn das Abstrakte konkret wird. Wenn der Unterschied zwischen Realität und Simulation nur noch darin besteht, ob am Ende wirklich jemand stirbt.

Ein paar Tage später. Früher Morgen. Die Luft ist klar, der Asphalt vor der Mensa glänzt noch feucht vom nächtlichen Tau. Der Himmel ist hell, aber blass – dieser typische

Übergang zwischen Müdigkeit und Funktionieren, der jeden Morgen auf der Basis begleitet. Ich bin auf dem Weg zum Frühstück, als ich ihn sehe.

Er steht etwas abseits vor der Mensa, angelehnt an die Betonwand, in der einen Hand eine Zigarette, in der anderen einen Plastikbecher mit dünnem Kaffee. Die Uniform sitzt schief, der rechte Ärmel ist hochgekrempelt. Als er mich bemerkt, hebt er kurz den Kopf und grinst.

«Na, Dolmetscher», sagt er. «Willst du was sehen?»

Bevor ich etwas entgegnen kann, streckt er mir die rechte Hand entgegen. Die Finger – sie sind wieder da. Nur kürzer. Etwas dicker, unförmiger, die Nägel sehen noch bläulich aus. Aber sie sind dran. Festgenäht, angenäht, irgendwie zurückgeholt.

«Die haben's geschafft», sagt er stolz. «Dran sind sie. Nur ...» – er bewegt die Hand leicht – «nicht mehr ganz wie vorher.» Er grinst breiter.

«Ich kann damit nicht mehr abdrücken», sagt er, beinahe fröhlich. «Hab's ausprobiert. Der Zeigefinger krümmt sich nicht mehr richtig. Zittert so komisch.»

Ich sage nichts, blicke nur auf seine Hand, auf die vernarbten, verkürzten Glieder.

«Ist okay», sagt er nach einer Weile. «Bin eh Linkshänder. Sage aber, ich wäre Rechtshänder.» Er lacht – leise, mit einem Unterton von Trotz. Dann nimmt er einen tiefen Zug von seiner Zigarette.

«Weißt du... vielleicht ist das jetzt mein Ticket raus. Vielleicht sagt das System: Der taugt nix mehr. Und dann darf ich endlich heim. Zu meiner Frau. Die Kinder wissen noch gar nicht, was passiert ist.»

Er schaut auf den Boden, schnippt die Asche von der Zigarette. Dann sieht er mich wieder an. «Ich hab zu lange gekämpft. Vielleicht ist das jetzt meine Art zu verlieren. Und trotzdem heil rauszukommen.»

Neben uns geht die Tür zur Mensa auf, der Geruch von Rührei und altem Filterkaffee weht heraus. Er nimmt den letzten Zug, wirft die Kippe in den Sand und murmelt: «Du glaubst gar nicht, wie viel Gefühl in so einem Finger stecken kann.» Dann geht er rein, als wäre nichts gewesen.

Ich bleibe noch einen Moment vor der Mensa stehen, beobachte, wie er zwischen Tablettstapeln und dampfenden Kannen verschwindet. Dann drehe ich mich um, und gehe in Richtung Appellplatz.

Es ist früher Morgen, das Gelände erwacht im Rhythmus des Militärs. Ein leichter Wind zieht durch die Betonflächen, irgendwo röhren Maschinen, Stiefel knirschen. Die Soldaten stehen bereits in Reih und Glied. Ich reihe mich seitlich ein, dort, wo die Dolmetscher stehen.

Mein Blick wandert die Formation entlang – und bleibt an einem Gesicht hängen, das mir vertraut ist. Er steht in der dritten Reihe, Blick geradeaus, Haltung stramm. Einer von denen, die nie ganz in dieses System zu passen schienen – mit seinem zerzausten Bart, den aromatisierten Zigaretten, den Sprüchen auf den Lippen.

«Ukrainische Süßigkeiten», hatte er immer gesagt, wenn er mir eine Melonenzigarette reichte und dabei grinste wie ein Teenager mit einem Geheimnis. Doch heute sieht er anders aus.

Der Bart ist weg. Glattrasiert. Die Haare ordentlich gescheitelt. Die Uniform sitzt penibel, fast zu akkurat, als wäre jede Falte darin eine bewusste Entscheidung. Etwas an ihm wirkt… stiller. Als hätte jemand den Ton abgedreht.

Später, nach dem Appell, spreche ich ihn an. Wir stehen neben der Fahrzeughalle, zwischen zwei Containern, wo man rauchen darf. Ich frage ihn beiläufig, ob er heute Morgen jemanden verwechselt hat – oder ob er einfach beschlossen hat, der Armee mal einen Gefallen zu tun. Er lacht nicht. Kein Grinsen. Keine Antwort. Nur ein kurzes Schulterzucken. Dann senkt er den Blick.

«Mein Bruder», sagt er leise. «Er ist gefallen.»

Seine Stimme ist ruhig, aber der Boden unter seinen Worten zittert. Er schaut nicht auf. Nur in den Staub vor seinen Stiefeln. Als stünde dort noch jemand, den nur er sehen kann.

In ihm lag etwas, das mir bekannt vorkam – dieser stille, fast verzweifelte Versuch, die Dinge doch noch in irgendeine Form zu bringen. Vielleicht war das Rasieren ein Ritual. Eine Geste der Kontrolle.

Wenn alles auseinanderfällt – der Körper, das Leben, die Familie, die Richtung – klammern wir uns an das, was wir noch ordnen können: Kleidung, Rasur, Haltung. Die äußere Form wird zur letzten Bastion gegen das innere Zerbrechen.

Er konnte nichts mehr tun für seinen Bruder. Keine Rettung, kein Abschied. Aber er konnte sich rasieren. Konnte entscheiden, wie er aussieht, wie er dasteht, wie er wahrgenommen wird. Ordnung gegen das Chaos. Manche trinken. Andere schweigen. Er rasierte sich.

Und vielleicht ist genau das das Tragische daran: Dass der Mensch im Krieg oft nur noch über sich selbst herrschen kann – über kleine Gesten, banale Handgriffe, den Zustand seiner Uniform. Während draußen ganze Leben ausradiert werden. Kontrolle wird zum Trost. Und zum Trugbild. Er stand da, wie ein Soldat aus dem Lehrbuch. Doch alles in ihm war längst zersplittert.

Vielleicht war es aber auch mehr als nur ein Versuch,

Kontrolle zurückzugewinnen. Vielleicht war es ein stummer Akt der Wehrhaftigkeit. Nicht der martialischen, nicht der lauten. Sondern der stillen, inneren: sich nicht gehen lassen. Sich nicht auflösen im Schmerz.

Wer sich rasiert, die Uniform glättet, Haltung zeigt – obwohl er gerade alles verloren hat – der ergibt sich nicht. Der sagt: *Ich bin noch da. Ich funktioniere. Ich lasse mir nicht nehmen, was mich zum Menschen macht.*

Diese Art von Wehrhaftigkeit ist nicht ideologisch. Sie ist nicht Teil einer Strategie oder eines Befehlsplans. Sie ist existenziell. In einem Krieg, der Menschen zermalmt, der Körper verstümmelt, der Bindungen kappt, ist der aufrechte Gang vielleicht die letzte Waffe, die einem bleibt.

Ich sah ihn an – diesen Soldaten, dessen Bruder gerade gefallen war – und in seiner überkorrekten Rasur, in der Falte seiner Uniform, in dem Schweigen, mit dem er auf den Boden blickte, sah ich keine Kapitulation. Ich sah einen Menschen, der sich wehrt. Nicht gegen den Feind. Sondern gegen das Zerbrechen. Vielleicht ist das die erste Lektion, die der Krieg einem beibringt: Wehrhaftigkeit beginnt nicht mit dem Gewehr – sondern mit der Entscheidung, sich nicht aufzugeben. Der Tag beginnt wie jeder andere. Die Stiefel knirschen im Kies, Befehle hallen über das Übungsgelände, Dieselgeruch mischt sich mit dem Staub der vergangenen Wochen. Aber für ihn ist nichts mehr wie vorher. Und ich frage mich, ob für mich noch irgendetwas ist wie am Anfang.

Ein paar Monate später verlasse ich die Ausbildung. Nicht weil ich es körperlich nicht aushalte – sondern weil ich es seelisch nicht mehr verarbeiten kann. Zu viele Gesichter, zu viele Geschichten, zu viele Nächte mit zu wenig Schlaf und zu viel Stille zwischen den Sätzen. Ich war Dolmetscher. Ich war Beobachter. Ich war manchmal sowas wie ein Freund. Aber ich bin kein Soldat. Und ich wollte nicht der Typ sein, der Panzer erklärt, während Kinder Geige spielen, irgendwo 400 Kilometer entfernt. Ich melde mich ab. Ganz offiziell. Kein Drama. Kein Vorwurf. Nur eine klare Entscheidung.

Stattdessen beginne ich, Spenden zu sammeln. Für die Männer, mit denen ich in staubigen Werkstätten geschraubt habe. Für Wadim. Für den Jungen mit der Sonnenbrille. Für die, die bleiben müssen, weil sie keine Wahl mehr haben. Die nächste Reise geht in die Ukraine. Und manchmal frage ich mich, wie Wadims Sohn heute spielt. Ob sein Bogen weicher geworden ist. Oder schärfer.

5.
Wenn du mutig genug bist

Ich buche über BlaBlaCar. Montagfrüh, Berlin–Kyjiw, freie Plätze, 40 Euro, kein Foto vom Fahrer.

Nickname: *Volodymyr M.*

Abfahrtspunkt: Ostbahnhof.

Abholzeit: 6:30 Uhr.

Er steht da, als ich ankomme – ein alter silberner VW Sharan, ukrainisches Kennzeichen, bullige Silhouette am Bordstein. Ich klopfe ans Fenster. Er kurbelt es ein Stück herunter. «Artur?» Ich nicke. Er mustert mich. Kein Lächeln. «Pass?» Ich zeige ihm meinen deutschen. Er sagt nichts, schiebt die Seitentür auf. Ich steige ein. Innen riecht es nach Kaffee, Leder und etwas Metallischem, das ich nicht benennen kann. Auf dem Beifahrersitz liegt eine zusammengerollte Isomatte. Wir fahren los. Kaum ein Wort in der ersten Stunde. Er hört Nachrichten auf Ukrainisch, dreht manchmal die Lautstärke runter, wenn's zu laut wird. Sein Blick ist ruhig, aber wachsam. Die Hände fest am Lenkrad. Tätowierte Unterarme. Militäruhr. Ich frage ihn irgendwann, wie oft er die Strecke fährt.

«Jede Woche», sagt er knapp.

«Was machst du in der Ukraine?»

«Sachen bringen. Leute holen. Papiere. Medikamente manchmal. Ich bin Veteran.»

Pause.

«Wohin gehts für dich, Front?»

«Ja. Wenn ich mutig genug bin.»

Was heißt das überhaupt – «mutig genug»?

Ich frage mich das nicht zum ersten Mal.

Mut – das klingt in Geschichten immer nach Entscheidung, nach heroischer Klarheit. Aber in Wirklichkeit ist es oft ein Zustand zwischen Müdigkeit und Trotz. Manchmal ist Mut einfach: nicht umdrehen. Weitergehen, obwohl alles in einem nach Rückzug schreit. Ich habe keine Uniform. Keine Waffe. Kein Eid. Nur ein Notizbuch. Und doch fühlt es sich manchmal an, als würde ich jedes Mal, wenn ich fahre, eine Grenze überschreiten. Nicht nur geographisch. Sondern innerlich. Zwischen dem, was ich sehen will – und dem, was ich nicht mehr verdrängen kann. «Wenn ich mutig genug bin» – das ist keine Ausrede.

Es ist ein Maßstab, den ich mir selbst nicht immer erfülle. Ich fahre. Aber ich weiß nicht, ob das reicht. Vielleicht ist Mut nicht der Moment, in dem man «ja» sagt – sondern der Moment, in dem man bleibt, wenn es wehtut. Wenn man hinschaut, ohne sich umzudrehen. Ich war auf der Basis. Wochenlang. Ich war Übersetzer, ja, aber ich habe mehr gehört, als ich verdauen konnte. Man denkt, man wird mutiger, je näher man dem Krieg kommt. Aber das Gegenteil stimmt.

Je mehr ich von den Männern erfuhr – von ihren Kindern, die sie nicht sehen, von den Kameraden, die sie verloren haben, von Nächten im Schützengraben, in denen sie sich die Kehle wundgeschrien haben – desto kleiner wurde mein Mut. Ich bin nicht stärker zurückgekommen. Ich habe mehr Angst als vorher. Nicht vor dem Tod. Aber vor der Unausweichlichkeit. Vor der Tatsache, dass es keinen einfachen Ausweg gibt – weder für sie, noch für mich. Mut ist kein Muskel, den man trainiert.

Mut ist manchmal einfach nur die Entscheidung, weiterzufahren – obwohl man längst weiß, was einen erwartet. Und manchmal reicht das schon nicht mehr.

Er schaltet das Radio leiser. Eine Stimme berichtet von Kämpfen bei Kupjansk. «Dann bist du schon weiter als die meisten», sagt er.

Ich nicke nicht. Ich widerspreche nicht.

Ich lasse es stehen – wie einen Satz, den man später in Gedanken noch einmal neu liest, um herauszufinden, ob er wirklich stimmt.

Erst hinter Krakau fängt er an, mehr zu reden.

Fragt, warum ich nach Kyjiw fahre.

Ich erzähle von der Panzerausbildung. Von Wadim. Von dem Jungen mit der Geige. Von dem goldenen Feuerzeug.

Er hört zu, nickt manchmal.

Dann sagt er: «Die besten Männer sterben zuerst. Die Idioten schreien am lautesten.»

Ich weiß nicht, ob das eine Warnung ist oder eine Beichte. Als wir anhalten, um zu tanken, reicht er mir einen Energy Drink und sagt: «Nimm. Du musst wach bleiben.» Wir rauchen zusammen. Zum ersten Mal lacht er. Kurz. Dann sagt er: «Ich war früher Trainer einer Fußballmannschaft. Dann kam der Krieg. Ich ging, um meine Familie zu verteidigen.» Ich schaue ihn an. «Sollte Deutschland wehrhaft werden?» «Nicht unbedingt», sagt er. «Aber Wehrhaftigkeit. Die Fähigkeit, sich zu verteidigen. Oder andere. Ohne das ist alles Gerede wertlos.» Ich lasse das sacken. Dann frage ich: «Was heißt das für dich – wehrhaft sein? Nur Waffen tragen?» Er schüttelt den Kopf. Als hätte ich die eigentliche Frage gar nicht verstanden. «Nein. Aber zu wissen, wo deine Grenze ist. Das ist wichtig. Und was du tust, wenn jemand sie überschreitet.»

Ich denke an Deutschland. An Wohnzimmerabende in Berlin, an Kneipentische in Neukölln, an die Gespräche mit Menschen, die sagen: Gewalt ist immer falsch. Dass man nicht mit Waffen Frieden schaffen könne. Dass es für jede Eskalation eine Verhandlungslösung geben würde – wenn man nur den richtigen Ton trifft.

Ich habe das selbst geglaubt. Lange.

Nicht aus Feigheit. Sondern aus einem moralischen Reflex, der tief in der deutschen Seele verankert ist: Nie wieder. Nie wieder Krieg. Nie wieder Täter. Aber vielleicht ist das der Irrtum: Dass wir glauben, *Verteidigung* beginne dort, wo das *Tätersein* aufhört.

Dass wir glauben, wir wüssten etwas über Frieden – obwohl wir sie nie selbst verteidigen mussten. «Bei uns», sage ich, «gilt Wehrhaftigkeit oft schon als Verdacht. Als etwas Reaktionäres.» Ich halte inne.

Dann korrigiere ich mich selbst: «Vielleicht haben wir in Deutschland nie verstanden, was Verteidigung wirklich bedeutet – weil wir selbst immer die waren, die angegriffen haben.» Er sagt nichts. Aber er schaut mich an, nicht skeptisch, eher prüfend. Ich fahre fort, mehr zu mir selbst als zu ihm: «Wir sprechen von Pazifismus, aber wir meinen Passivität. Wir sprechen von Verantwortung, aber wir meinen moralische Distanz.

Wir glauben, dass Gewaltlosigkeit eine Haltung ist – dabei war sie für uns immer ein Privileg. Ein Privileg, das andere bezahlt haben.»

Verteidigung – das bedeutet nicht nur, gegen etwas zu sein. Es bedeutet, für etwas einzustehen. Auch mit Konsequenzen. Auch mit Risiko. Auch mit Waffen, wenn es sein muss. Er sagt leise, fast beiläufig: «Man merkt, dass du das alles nicht zum ersten Mal denkst.»

Ich antworte nicht sofort. Dann sage ich:

«Ich denke es immer wieder. Weil ich es nicht mehr verdrängen kann.»

Er lacht trocken. «Ihr habt ein Problem in Deutschland.» Es ist keine Drohung. Kein Zynismus. Nur eine Feststellung, gesprochen wie eine Wetterprognose. Ich nicke, langsam. «Ich habe das erst verstanden, als ich als Übersetzer auf der Basis war. Vorher dachte ich, ich würde mutiger werden, je näher ich dem Krieg komme. Aber je mehr ich sah, desto mehr Angst bekam ich. Und ich begann zu begreifen, was es heißt, nicht nur mutig, sondern fähig zur Gegenwehr zu sein.» Er schaut mich kurz an. «Dann hast du das Wichtigste schon gelernt. Mut ohne Fähigkeit ist wie eine Tür ohne Schlüssel. Du kannst dranscheppern, so viel du willst – sie geht nicht auf.»

Ich muss lächeln, obwohl es mir nicht zum Lachen ist. «Deshalb frage ich mich jetzt, wohin ich eigentlich gehe», sage ich. «Ich besuche einen Freund, der verletzte Soldaten in Krankenhäusern unterstützt. Aber ehrlich gesagt …» Ich stocke. «… ich weiß nicht mehr, ob ich helfen, berichten, kämpfen oder vor dem ganzen hier fliehen und verdrängen will.»

Er wirft mir einen prüfenden Blick zu. «Du weißt es doch längst», sagt er ruhig. «Sonst würdest du diese Frage nicht stellen.» Vielleicht hat er recht. Vielleicht ist es genau das: keine Entscheidung mehr, sondern ein Zustand.

Ich schaue auf meine Hände. «Und wenn ich nicht stark genug bin?» frage ich. Er zuckt mit den Schultern. «Dann wirst du's entweder oder du gehst zugrunde. Dazwischen gibt's nichts im Krieg.» Eine Pause. «Aber Stärke heißt nicht, keine Angst zu haben. Stärke heißt, trotzdem da zu bleiben, etwas zu unternehmen, nicht handlungsfähig zu bleiben.»

Grenzübergang. Drei Uhr nachts. Hinter uns eine Schlange aus LKWs, vor uns ein grauer Container mit zwei Beamten in Tarnuniform. Der Bus rollt langsam an die Kontrolllinie. Grenzübergang Medyka. Volodymyr zieht die Handbremse an. Es ist still im Wagen. Nur das Klicken der Sicherheitsgurte, das dumpfe Schnaufen des Motors. Ich habe meine Papiere griffbereit, mein Herz schlägt schneller als nötig.

Der Grenzbeamte hebt meinen Pass an, blättert. Sein Blick bleibt an der Seite mit dem Geburtsort hängen. Uspenka. Er runzelt die Stirn.

«Ukraine?» fragt er.

Ich schüttele den Kopf. «Kasachstan.»

Uspenka – den Ort gibt es auch in der Ukraine, aber meiner liegt in der Steppe, irgendwo an der kasachisch-russischen Grenze. Ein sowjetisches Kaff ohne Zukunft, das ich als Kleinkind im Alter von einem Jahr verlassen habe. Trotzdem steht dieser Name bis heute auf meinem deutschen Pass. Uspenka. Manchmal denke ich, er steht da wie ein Code, den nur Leute aus der alten Welt lesen können.

Ich blicke zum Fenster hinaus. In der Ferne sehe ich ukrainische Soldaten, junge Gesichter unter Helmen, manche kaum älter als ich bei meiner ersten Lesung. Vielleicht einer von ihnen aus Uspenka.

Der Grenzer kommt zurück, gibt mir den Pass. «Gute Fahrt.» Keine Fragen. Kein Misstrauen. Ich bin überrascht. Und gleichzeitig weiß ich: Wäre ich dort drüben geboren – im ukrainischen Uspenka – wäre meine Reise hier zu Ende.

Ich hätte einen ukrainischen Pass. Und den, so erzählen mir viele, kann man nicht einfach ablegen. Nicht im Krieg. Nicht, wenn Mobilisierung herrscht. Du bist registriert. Aufgerufen. Du darfst nicht einfach gehen.

Ich starre aus dem Fenster, als wir weiterrollen. Dunkelheit. Leere Felder. Zerschnittene Straßen. Volodymyr sagt nichts. Ich auch nicht. Aber der Gedanke lässt mich nicht los: Wenn ich einen anderen Geburtsort gehabt hätte – nur einen anderen Ort mit demselben Namen – wäre mein Leben jetzt ein anderes. Vielleicht wäre ich ein Mann mit einem Befehl. Vielleicht einer mit einem Gewehr. Vielleicht einer, der nicht zurückkehrt.

Ich hätte keine Wahl. Kein BlaBlaCar, kein Notizbuch, kein innerer Monolog. Kein Berlin, kein Grenzübergang, kein «Wenn ich mutig genug bin». Ich würde nicht schreiben, sondern schießen. Nicht fragen, sondern gehorchen. Wahrscheinlich säße ich jetzt irgendwo in einem Unterstand, mit klammen Händen und dem Geruch von Schießpulver in der Nase. Vielleicht in der Nähe von Kupjansk. Vielleicht verwundet. Vielleicht längst tot.

In einem anderen Leben – nur weiter westlich geboren – wäre dieses Buch nie geschrieben worden. Ich würde nicht über den Krieg nachdenken, sondern im Krieg funktionieren. Ich würde nicht analysieren, zweifeln, mich quälen mit Fragen über Mut und Verantwortung. Ich wäre ein Teil des Ganzen. Vielleicht ein guter Soldat oder ein schlechter. Vielleicht ein zynischer. Vielleicht einer, der überlebt, indem er nichts mehr fühlt. Vielleicht wäre ich schon längst tot.

Ich würde irgendwo in einem Graben, zwischen nasser Erde und rostigem Metall liegen. Zerfetzt von einem Mördersplitter. Zerfressen von Maden. Mein Körper aufgedunsen, unauffindbar, namenlos wie so viele. Vielleicht hätte man mich Wochen später gefunden – oder gar nicht. Vielleicht hätte sich jemand über meinen Geruch beschwert, und dann wären die anderen gekommen, mit einem Sack, mit Schaufeln. Vielleicht hätten sie meine Reste irgendwo hinter der Linie verscharrt, ohne Kreuz, ohne Worte.

Vielleicht hätte ich ein Feuerzeug bei mir getragen, ein paar Zigaretten, ein Foto von jemandem, den ich liebe. Vielleicht hätte das jemand aufgehoben. Vielleicht auch nicht. Ich weiß es nicht.

So viele haben keine Wahl. Sie haben nur einen Schützengraben, eine Uniform, einen Befehl. Keine essayistischen Reflexionen, keine literarischen Umwege, kein deutsches Denken in Möglichkeitsformen. Nur Schlamm. Blut. Befehl.

Und das nicht, weil sie es so wollten. Sondern weil jemand anders für sie entschieden hat. Weil Russland beschlossen hat, die Ukraine zu überfallen. Weil Putin beschlossen hat, diesen Krieg zu führen – und Millionen Menschen mit in den Abgrund zu reißen.

Dieser Krieg ist nicht aus Not geboren, nicht aus Verteidigung – er ist gemacht. Gewollt. Durchgesetzt. Und so viele, die jetzt kämpfen, sterben, ausharren, fliehen oder zerbrechen, tun das nicht aus freiem Willen, sondern weil ein imperialer Wille ihnen ihre Wahl genommen hat.

Aber so bin ich hier. Im Auto eines Fremden, mit einem Pass, der mir den Status des Beobachters gewährt. Ich darf reflektieren, schreiben, fliehen, zurückkommen. Ich darf nachdenken, ob ich kämpfen würde. Ich darf Nein sagen. Weil ich nicht in einem Land geboren wurde in dem Krieg herrscht, sondern nur nah genug, um ihn zu spüren – aber weit genug, um ihn zu beschreiben.

Wir fahren weiter. Stumm meist, die Landschaft rauscht

vorbei wie ein endloses Hintergrundrauschen. Felder, Dörfer, Plattenbauten. Ein Mann an einer Bushaltestelle, der raucht. Eine Frau mit Kind. Es sieht aus wie überall – und ist doch ganz anders.

Gegen Mittag erreichen wir Kyjiw. Die Straßen sind voller Leben, aber alles wirkt konzentrierter, aufmerksamer. Volodymyr lenkt den Wagen durch die breiten Straßen der Stadt, biegt schließlich in eine Seitenstraße ein, hält an. «Wir sind da», sagt er. Keine große Geste, kein Händedruck. Einfach nur: «Pass auf dich auf.»

Ich steige aus. Die Sonne ist grell. Die Luft riecht nach Sommer und Staub. Er zieht die Tür zu, schaltet den Gang ein und fährt los, als wäre es das Normalste der Welt, Menschen an die Frontlinie ihres Gewissens zu bringen. Ich bleibe stehen. Mein Rucksack über der Schulter, mein Herz schwer. Ich bin angekommen.

Dann, plötzlich: ein Jaulen. Dumpf erst, dann schrill. Die Sirenen gehen los. Erst eine, dann mehrere, wie Stimmen, die sich gegenseitig bestätigen: Es ist wieder soweit. Die Menschen um mich herum beschleunigen ihre Schritte. Keine Panik – nur Routine. Die Stadt lebt mit der Möglichkeit des Todes, jeden Tag. Auch das ist Kyjiw. Ich bleibe noch einen Moment stehen, mitten auf dem Gehweg, und sehe in den Himmel. Es ist ein schöner Tag.

6.
Ihr lebt in Sicherheit, weil andere leiden

Werner bleibt einen Moment vor der Tür stehen. Er atmet tief ein, als müsste er Luft holen für etwas, das sich nicht atmen lässt. Seine Hände zittern leicht, er ballt sie zu Fäusten – nicht aus Wut, sondern als würde er sich daran festhalten, um nicht selbst zu zerbrechen. Dann drückt er die Klinke herunter und tritt ein. «D... dobry den'», sagt er leise. Sein Ukrainisch ist holprig, die Worte fallen wie Kieselsteine auf den Boden der Stille. Niemand antwortet.

Das Zimmer ist hell, beinahe grell vom einfallenden Tageslicht. Es riecht nach Desinfektionsmittel. Auf dem Bett, bäuchlings, liegt ein junger Mann. Der Rücken kräftig, durchtrainiert. Doch ab den Schultern ist alles anders. Wo seine Arme hätten sein sollen – nichts. Auch die Beine fehlen. Der Rumpf endet stumpf im Leeren.

Sein Kopf hängt leicht nach unten, gestützt auf ein Kissen. Vor ihm steht ein aufgeklappter Laptop. Die Augen des Mannes sind fixiert auf den Bildschirm – starr, ohne zu blinzeln, fast trotzig. Er wirkt, als hätte er sich mit aller Kraft in diese Pixelwelt geflüchtet. Als wäre sie das Einzige, was noch reagiert, wenn er etwas will.

Gegenüber, auf einem Stuhl am Fenster, sitzt eine Frau. Die Schultern schmal, die Haltung aufrecht, zu aufrecht. Ihre Hände ruhen im Schoß, die Finger ineinander verschränkt wie zu einem stillen Gebet. Sie sagt kein Wort. Aber ihre Augen sprechen: vom Warten, vom Weinen, vom Nicht-mehr-Weinen-Können. Werner weiß nicht, ob sie die Mutter ist oder die Frau des Soldaten. Es spielt in diesem Moment keine Rolle. Sie sieht ihn an – lange, unbeweglich. Kein Vorwurf in ihrem Blick, aber auch kein Willkommen. Nur diese stille, unaussprechliche Erwartung: Tu etwas. Sag etwas. Mach, dass das hier einen Sinn ergibt.

Werner schluckt. Worte fallen ihm viele ein. Keines davon scheint richtig. Also bleibt er stehen, einen Schritt hinter der Tür, als hätte er Angst, den Raum durch seine bloße Anwesenheit zu stören.

Werner lebt seit Beginn des Krieges in der Ukraine. Früher war der 65-Jährige Fliesenlegermeister in Schweinfurt, heute hilft er als Freiwilliger in Kranken- und Waisenhäusern. Die militärische Klinik in Kyijw besucht er seit über zwei Jahren. Gemeinsam mit seinen ukrainischen Freunden von *Rescue Cats* unterstützt er Verletzte – mit Erspartem, mit seinem Erbe, mit Spenden, mit allem, was ihm zur Verfügung steht.

Ich besuche ihn für einen Artikel in der *Frankfurter Allgemeinen Zeitung*. Denn in Deutschland reden wir viel über jene, die zögern, kritisieren, die jeden Schritt der Unterstützung mit einem Aber versehen. Wir führen Debatten über Eskalationsgefahr, über Waffenlieferungen, über das Für und Wider von Solidarität – doch wir sprechen erstaunlich selten über Menschen wie Werner Pfeuffer. Über jene, die nicht nur reden, sondern handeln. Die nicht vor Kameras auftreten oder Forderungskataloge schreiben, sondern schlicht aufbrechen – weil sie spüren, dass Neutralität angesichts des Leidens unmöglich ist.

Vielleicht hat es etwas mit innerer Wehrhaftigkeit zu

tun – einem Begriff, der in der politischen Rhetorik oft leer bleibt, hier aber ein Gesicht bekommt. Wehrhaftigkeit nicht als martialischer Reflex, sondern als stille Entschlossenheit. Als Fähigkeit, sich vom Elend nicht abzuwenden, sondern ihm etwas entgegenzusetzen: Nähe, Hilfe, Würde. Es ist eine Form von Mut, die nicht laut ist, sondern zäh. Nicht ideologisch, sondern menschlich. In einem Land, in dem sich viele selbst als friedensliebend bezeichnen, aber beim ersten Windstoß der Geschichte ins Wanken geraten, wirkt dieser stille Einsatz fast wie ein Widerspruch. Und zugleich wie ein Angebot: Dass es jenseits der Angst eine Haltung gibt, die nicht auf Sieg, sondern auf Standhalten zielt. Auf Beistand. Auf das schlichte «Ich bin da» – dort, wo andere längst weggesehen haben.

«Kannst du bitte übersetzen?», fragt Werner mich, kaum hörbar. Seine Stimme ist belegt, fast schon brüchig. Normalerweise hilft ihm Oleh bei solchen Momenten – ein Ukrainer von der Hilfsorganisation *Rescue Cats*, der nicht nur die Sprache, sondern auch die Zwischentöne versteht. Doch heute ist Oleh nicht da. Die Zeit drängt. Irgendwo auf dem Flur wartet schon die nächste Lieferung. Werner wirkt gehetzt, als würde ihm die Verantwortung über den Kopf wachsen.

Ich nicke stumm und trete einen Schritt näher an das Bett. Meine Schuhe knirschen leise auf dem Linoleumboden, als würde selbst der Raum sagen wollen: leiser, langsamer, vorsichtiger. Der Geruch von Desinfektionsmittel liegt schwer in der Luft, durchzogen von etwas anderem – etwas Undefinierbarem. Vielleicht ist es Müdigkeit, vielleicht Schmerz, vielleicht einfach die lange Anwesenheit von zu viel Hoffnung auf zu wenig Quadratmetern.

Werner steht noch immer da wie ein Schüler, der nicht

weiß, ob er vortreten darf. In seinen Händen eine kleine, knisternde Plastiktüte. Mit einer fast mechanischen Geste greift er hinein, zieht ein oranges Netz hervor – sechs Orangen, fest umschlossen, ein Geschenk, das in seiner Harmlosigkeit fast brutal wirkt. «Er hat etwas für dich mitgebracht», sage ich auf Russisch. «Nur eine kleine Aufmerksamkeit.»

Der junge Soldat hebt den Kopf. Nur für einen Moment. Seine Augen bleiben auf Werner hängen, leer und prüfend, ohne jede Erwartung – und sinken dann wieder zurück auf den Bildschirm, in die leuchtenden Farben einer Welt, die nicht riecht, nicht fragt, nicht berührt.

Werner hält das Netz einen Moment unsicher in der Luft, dann legt er es vorsichtig auf den kleinen Tisch neben dem Bett. Eine der Orangen rollt ein Stück zur Seite und bleibt an der Kante liegen.

Ich erkläre, wer dieser Mann ist, der da steht wie einer, der nicht weiß, ob er zu viel oder zu wenig tut. Ein Freiwilliger aus Deutschland. Früher Fliesenleger, jetzt Helfer, Ruheloser, jemand, der seine Rente opfert, sein Erbe, seine Zeit – einfach, weil er das Gefühl hat, dass es nicht anders geht. «Eine Kleinigkeit für unsere Helden», sage ich, und höre, wie mir das Wort im Hals stecken bleibt.

Ich sehe, wie sich Werners Unterlippe anspannt. Er blinzelt heftig, will nicht weinen, aber er schafft es nicht. Die Tränen laufen einfach. Nur ein Mann, der etwas mitgebracht hat. Und ein anderer, der nicht mal mehr Arme hat, um es anzunehmen.

Ich stehe zwischen ihnen und versuche, das Richtige zu sagen. Aber vielleicht gibt es das in diesem Moment gar nicht. Nur das Dableiben. Das Übersetzen. Das Aushalten.

Worte sind hier wie zu groß geratene Werkzeuge – klobig, unpassend, fehl am Platz. Und doch bleibt man stehen. Einfach da. Wie ein Zeuge, der nichts bezeugen kann außer der eigenen Sprachlosigkeit.

Der Soldat sagt kein Wort. Er liegt da wie festgenagelt an seinem Bildschirm, irgendwo zwischen Ablenkung und Trotz. Man weiß nicht, ob er sich schützt – oder einfach nichts mehr zu sagen hat. Doch die Frau, die bislang so still daneben saß, hält es plötzlich nicht mehr aus. Tränen schießen ihr in die Augen, diesmal heftig, abrupt, wie eine Welle, die zu lange angestaut war. Und sie versucht nicht, sie zurückzuhalten.

Sie steht auf, tritt auf Werner zu – zögerlich erst, tastend, dann wie mit einem inneren Ruck – und umarmt ihn. Es ist keine höfliche Umarmung. Kein kurzes Drücken und wieder Loslassen. Sie klammert sich an ihn, als hielte sie sich an einem Halt in der Brandung fest. Als wäre er ein alter Freund. Jemand, den man erkennt, obwohl man ihn nie gesehen hat. Jemand, der nichts wiedergutmachen kann – aber wenigstens da ist.

«Danke!», sagt sie zwischen den Schluchzern. «Danke für die Unterstützung. Für alles.» Ihre Stimme bricht, krächzt, ringt sich durch den Schmerz wie durch einen Trümmerhaufen. Werner legt vorsichtig eine Hand auf ihre Schulter. Nicht fest, nicht tröstend – einfach da. Eine Geste der Hilflosigkeit, ja, aber auch der Menschlichkeit.

Er hat keine Worte, um ihren Schmerz zu lindern. Niemand hat sie. Es gibt keine Sprache, in der man Verluste dieser Größenordnung erklären, trösten oder gar ungeschehen machen könnte. Nur Gesten. Blicke. Dasein. Und die stumme Übereinkunft, dass Mitgefühl manchmal reicht, wenn sonst nichts mehr bleibt.

Ich sehe ihn an, diesen Mann aus Schweinfurt, der früher Fliesenleger war und heute Lebensmittel, Medikamente und Trost an Krankenbetten verteilt. Er könnte längst auf Ibiza sitzen, irgendwo in der Sonne, mit einem Drink in der Hand und einem ruhigen Gemüt. Oder in Griechenland, an irgendeinem kleinen Strand, wo die Tage sich leise ineinanderlegen und niemand etwas von ihm verlangt. Wo er vergessen dürfte. Wo er einfach nur alt werden dürfte mit seinem kranken Herz.

Stattdessen steht er hier – in einem stickigen Zimmer in Kyjiw, vor einem jungen Mann ohne Gliedmaßen und einer Frau, die um ein Leben trauert, das weitergehen muss. Er trägt keine Uniform, keinen Orden, kein Mandat. Nur seine Schultern, sein Blick, seine mitgebrachten Orangen. Und eine Schuld, die er nie selbst auf sich geladen hat, aber dennoch irgendwie abtragen will. Weil sie irgendwo zu ihm spricht. Weil sie ihn nicht in Ruhe lässt.

Ich frage mich, was ihn hält – was ihn jeden Tag wieder aufstehen lässt. Vielleicht ist es Wut. Vielleicht Liebe. Vielleicht etwas Drittes, Unnennbares, das sich zwischen diesen beiden Polen aufspannt. Aber sicher ist: Er hätte sich nicht dafür entscheiden müssen.

Und ich frage mich: Was treibt einen Menschen wie ihn dazu, zu bleiben? Was hält ihn hier, in einem Land, das nicht seins ist, in einem Krieg, der ihm nichts schuldet? Vielleicht ist es genau das: Dass dieser Krieg niemandem etwas schuldet – und dass es trotzdem Menschen gibt, die geben. Ohne Erwartung. Ohne Absicherung. Ohne irgendeine Garantie für ein Happy End.

«Lass dir keine Emotionen anmerken, Werner», hatte ihm einmal ein befreundeter Chirurg geraten. «Das hilft niemandem.» Ein Satz wie eine eiserne Regel – funktional, abgeklärt, professionell. Und vielleicht stimmt sie sogar. In der Theorie. In Operationssälen. In Berichten.

Aber draußen, in den Gängen der Klinik, wo der Krieg keine saubere Narbe hinterlässt, sondern rohe Wunden aufreißt – da ist es etwas anderes. Die Tränen der Angehörigen, die stummen Schreie in den Gesichtern der Mütter, das Zittern in den Händen eines Kindes, das seinen Vater nicht wiedererkennt – all das lässt sich nicht einfach ausblenden. Werner hat es versucht. Immer wieder. Er hat sich gesagt, dass Haltung wichtiger ist als Anteilnahme. Dass man stark sein muss, damit andere nicht zusammenbrechen.

Aber die Bilder lassen sich nicht mehr trennen vom Tageslicht. Der Schmerz legt sich über alles – über Gespräche, Bewegungen, Pausen. Selbst das Atmen fällt schwer an manchen Tagen, als würde die Luft selbst zu viel davon tragen.

Werner löst sich aus der Umarmung der Frau. Ihre Tränen kleben noch an seinem Hemdsärmel. Er wirft einen letzten Blick auf den reglosen Soldaten, dessen Körper mehr fehlt als geblieben ist, dann nickt er knapp und verabschiedet sich mit einem kurzen, kaum hörbaren «Alles Gute». Es ist kein Abschied mit Worten – es ist einer mit Blicken, mit dem leisen Wissen, dass hier nichts mehr gesagt werden muss.

Seit Beginn des russischen Angriffskriegs lebt Werner in der Ukraine. Er hilft dort, wo andere wegschauen: mal nahe der Front, wo die Luft nach Feuerwerk riecht, mal in überfüllten Krankenhäusern, in denen jeder Schritt ein Ausweichen ist – vor dem Schmerz, der Enge, dem eigenen Gefühl der Ohnmacht. «Nie wieder – das bedeutet, nie wieder tatenlos zusehen», murmelt er, mehr zu sich selbst als zu mir. Es ist kein Slogan. Kein Pathos. Es klingt wie eine Notiz, die man sich ins Innere ritzt, damit man sie nicht vergisst.

Als die ersten Bomben auf Kyjiw fielen, fasste Werner

seinen Entschluss. Kein Zögern, kein Abwarten. «Wir Deutschen sind verpflichtet», sagt er, als wir auf dem Klinikflur weitergehen. «Für das, was wir den Ukrainern im Zweiten Weltkrieg angetan haben. Ich trage meinen Teil dieser Verantwortung.» Kein Anklang an Schuldstolz, kein missionarischer Ton. Nur eine Haltung, die klarer ist als viele Debatten, die ich in Berlin erlebt habe.

Er zieht sein Handy aus der Tasche, wischt durch Fotos. Waisenhäuser. Notbetten. Kinder. Ehrenurkunden. Eine Auszeichnung, die er von ukrainischen Veteranen erhalten hat – das kleine Band an der Brust eines deutschen Fliesenlegers. «Ich mache das nicht für Anerkennung», sagt er ruhig. «Aber es tut gut zu wissen, dass es gesehen wird.»

Anerkennung. Ein Wort, das in Deutschland vorsichtig ausgesprochen wird, sobald es um die Bundeswehr geht. Zwischen kollektiver Skepsis und moralischer Reserve scheint es keinen Platz zu geben für ein schlichtes: Danke. Wer Uniform trägt, soll bitte keine Medaille erwarten – und wer hilft, soll helfen, ohne gesehen zu werden. Die alte Angst vor Nationalismus, vor falschem Stolz – sie lähmt jede Geste des Respekts, selbst wenn sie längst überfällig wäre.

Dabei geht es nicht um Heldeninszenierung, nicht um Nationalismus. Es geht um Haltung. Um die Anerkennung dafür, dass Menschen Verantwortung übernehmen, Risiken tragen, da sind, wenn der Staat sonst niemanden mehr schicken kann. Und ja: Es tut gut, wenn das gesehen wird. Auch weil wir in einem Land leben, das lieber an Diskurse glaubt als an Verteidigung – und in dem jene, die handeln, oft schweigend verschwinden.

Dann sieht er mich an. Für einen Moment ist da etwas Bitteres in seinem Blick. «Es ist nicht mehr mein Deutschland», sagt er leise. «Nicht, wenn wir lieber diskutieren, ob Hilfe legitim ist, statt sie einfach zu leisten.»

Ich laufe mit ihm den Flur entlang, denke über seine Worte nach. *«Nie wieder – das bedeutet, nie wieder tatenlos zusehen.»* Und: *«Es ist nicht mehr mein Deutschland.»* Es klingt radikal, aber nicht wütend. Eher wie eine Bilanz. Und ich frage mich, ob er nicht recht hat – und ob das, was wir so oft als Friedensliebe bezeichnen, in Wahrheit oft nichts anderes ist als fehlende Verantwortung.

In Deutschland reden wir viel über Geschichte, über Lehren aus der Vergangenheit. Aber wir verwechseln Erinnern mit Wiederholen. Wir sprechen von *«Wehrhaftigkeit der Demokratie»* – ein Ausdruck, der in Sonntagsreden glänzt und im Alltag schnell verdunstet. Kaum jemand sagt, was das wirklich heißt: dass wir nicht nur frei leben wollen, sondern bereit sein müssen, diese Freiheit auch zu verteidigen. Nicht abstrakt und gratismutig, nicht nur mit Paragrafen oder Resolutionen. Sondern mit Haltung. Mit Taten. Mit Risiko.

Werner, ein Mann im Ruhestand, der seine Ersparnisse in Medikamente und Verbandmaterial steckt, lebt diese Wehrhaftigkeit auf eine Weise, die ohne heroische Gesten auskommt – und gerade deshalb etwas Unbestechliches hat. Keine Uniform. Kein Gewehr. Nur ein gebrochenes Herz und die Entschlossenheit, es nicht verkümmern zu lassen.

Ich denke an Gespräche in Cafés, in Redaktionen, auf Pa nels. An all die wohlformulierten Argumente gegen Waffenlieferungen, gegen Eskalation, gegen das sogenannte Mitmachen. Und dann sehe ich Werner, wie er Handtücher in einen Klinikflur schleppt. Zwischen diesen beiden Polen – dem skeptischen Intellekt und der handelnden Verantwortung – verläuft vielleicht die eigentliche Frontlinie in diesem Krieg. Eine moralische.

Wehrhaftigkeit beginnt nicht an der Grenze. Sie beginnt in uns. In der Entscheidung, nicht zu schweigen, wenn Unrecht geschieht. Nicht zu erstarren, wenn andere kämpfen. Nicht zu delegieren, was wir selbst tun könnten – auch wenn es nur die Verteilung einer Packung Orangen ist.

Vielleicht, denke ich, ist das die radikalste Form von Friedensarbeit: *sich dem Schmerz nicht zu entziehen.* Ihn nicht zu beschreiben, zu umkreisen, zu historisieren – sondern einfach *auszuhalten,* in seiner Unmittelbarkeit, seiner Ungerechtigkeit, seiner körperlichen Realität. Ihm nicht rhetorisch zu begegnen, sondern menschlich.

Nicht mit dem reflexhaften: *«Das ist tragisch.»*

Nicht mit dem politisch klugen: *«Es braucht langfristige Lösungen.»*

Nicht mit dem journalistisch distanzierten: *«Ich will nur verstehen.»*

Sondern mit Blicken, mit Händen, mit Gegenwart.

Vielleicht, denke ich, ist genau das die Arbeit, die am schwersten wiegt: Nicht die Analyse, sondern die Nähe zum Unaussprechlichen. Nicht das Wort, sondern das Aushalten des Verstummens. Nicht die Lösung, sondern das Dasein im Angesicht des Unlösbaren.

Werner hat schon einen fünfstelligen Betrag aus seinen eigenen Ersparnissen investiert, um zu helfen. Doch wenn er nach Deutschland zurückkehrt und mit den Menschen dort spricht, spürt er oft, dass sie nicht wirklich verstehen, was Krieg bedeutet. «Sie hören mir zu, aber ich merke, dass sie mir nicht folgen können,» sagt er. «Es ist nicht mehr mein Deutschland. Die Gesellschaft wird ignoranter.» Er blickt auf die Fliesen des Flurs. «Wegen meiner Arbeit hier habe ich viele Freunde in Deutschland verloren.»

Auf dem Flur warten zwei Krankenschwestern. «Noch

fünf Tüten», sagt eine von ihnen über die Geschenke im Einkaufswagen. Ärzte eilen vorbei, Krankenschwestern huschen durch den Gang, ab und zu rollt eine Trage mit einem Verletzten vorbei. Plötzlich bleibt ein Soldat stehen. Er wirft uns einen prüfenden Blick zu, dreht sich um und kommt langsam auf uns zu. «Was macht ihr hier?», fragt er mit rauer Stimme. «Gäste aus Deutschland», erklärt eine der Schwestern. «Sie bringen Geschenke.»

Werner reicht dem Soldaten eine Tüte. Der junge Mann blickt hinein, dann hebt er den Kopf, seine Augen wandern erst zu Werner, dann zu mir. «Wir gehören doch zu Europa, oder?», fragt er leise. Ich übersetze, und Werner nickt langsam, seine Augen fest auf den Soldaten gerichtet. Er streckt die Hand aus. Der Soldat zögert kurz, dann ein fester Händedruck.

Ich merke, wie mich dieser Satz nicht loslässt: *«Wir gehören doch zu Europa, oder?»* Es ist nicht nur eine Frage nach Geografie oder Verträgen. Es ist eine Frage nach Anerkennung, nach Haltung. Eine Frage, die sich an uns richtet. An mich. Und plötzlich verstehe ich: Zugehörigkeit ist kein Status, den man einfach besitzt. Sie ist ein Versprechen, das sich erfüllt – oder gebrochen wird. Europa, das ist nicht bloß ein Raum, sondern eine Entscheidung. Für Solidarität. Für Beistand. Für eine gemeinsame Verteidigung. Für Erinnerung, die nicht im Museum endet, sondern in einer Tüte mit Apfelsinen und Verbandsmaterial weiterlebt. Der junge Soldat steht noch immer vor uns. Er sagt nichts mehr. Aber seine Frage hallt nach – durch diesen Gang, durch mein Denken, durch ein Land, das um sein Leben kämpft. *Gehören wir zusammen?*

Es ist keine rhetorische Frage. Es ist ein leiser Hilferuf. Eine Bitte um Anerkennung. Eine Erinnerung daran, dass

Zugehörigkeit nicht einfach gegeben ist, sondern eingefordert werden muss – besonders dann, wenn man mit blutigen Verbänden im Krankenhaus liegt und niemand kommt, außer einem Rentner aus Schweinfurt mit einem Einkaufswagen voller Tüten.

Europa – das war einmal ein Versprechen, das meiner Familie gegeben wurde, als wir in Deutschland angekommen sind. Ein Ort der Solidarität, der geteilten Verantwortung, der gegenseitigen Hilfe. Doch was bedeutet dieses Versprechen heute, wenn ein ukrainischer Soldat auf einem Krankenhausbett liegt und um seine Zugehörigkeit bitten muss? Gehört man zu Europa, weil man einen Assoziierungsvertrag unterzeichnet hat? Weil man Schengen beitreten möchte? Weil man westliche Werte teilt – oder weil man bereit ist, für sie zu sterben?

Ich denke an die zahllosen Konferenzen, Strategiepapiere, Gipfelbeschlüsse. An all die warmen Worte über Partnerschaft und gemeinsame Sicherheit. Und dann sehe ich diesen jungen Mann, der nicht weiß, ob er mitgedacht ist in diesem «Wir». Ob sein Leid einen Platz hat in unserer Vorstellung von Europa. Ob er mehr ist als ein geopolitisches Randphänomen oder ein PR-Gesicht in EU-Kampagnen. Ob sein zerfetzter Körper mit gemeint ist, wenn in Brüssel von «unseren Werten» die Rede ist.

Zugehörigkeit, das wird in solchen Momenten klar, ist keine Floskel. Sie ist kein Pass, kein Vertrag, kein Bürokratieakt. Sie ist ein Gefühl. Und sie entsteht – oder zerbricht – im Blick der anderen. In der Frage, ob man gesehen wird, ob man zählt, ob man gemeint ist.

Es sind nicht die großen Reden, die dieses Gefühl erzeugen. Es sind Menschen wie Werner. Menschen, die keine Macht haben, aber Haltung. Die nichts versprechen, aber alles geben, was sie können. Die Brücken schlagen, wo andere Mauern errichten. Und die dort auftauchen, wo Staaten abwinken – mit einer Plastiktüte in der Hand, aber einer moralischen Konsequenz, die schwerer wiegt als jede Diplomatie.

Europa wird nicht in Brüssel verteidigt, sondern in solchen Momenten. In Krankenzimmern, an Frontlinien, durch den Mut derer, die helfen – nicht weil sie müssen, sondern weil sie nicht anders können. Verantwortung beginnt dort, wo niemand mehr zuständig ist. Und sie zeigt sich nicht in Mandaten, sondern in Entscheidungen. Im «Ich gehe hin» statt im «Wir prüfen die Lage». Vielleicht ist das der eigentliche Prüfstein unserer europäischen Idee: ob sie auch dann trägt, wenn es nichts mehr zu gewinnen gibt – außer Würde.

Es hängt von uns ab, wie wir antworten.

Im Krankenhaus herrscht eine ruhige Atmosphäre, unterbrochen nur von gelegentlichem Lachen oder leisen Gesprächen aus den Zimmern. Je näher wir dem Zimmer kommen, desto leiser wird es, desto mehr scheint dieser Ort unter dem Bann eines umfassenden Schweigens zu stehen.

«In der Klinik gab es oft Probleme mit Antibiotika-Infusionen. Eine Flasche kostet 70 bis 80 Dollar, und für eine Behandlung braucht man fünf bis acht Flaschen», erzählt Werner. Einmal stand ein russischer Soldat, der auf Seiten der Ukraine kämpft, kurz vor einer Amputation. Der Arzt der Klinik rief Werner an und bat ihn um Hilfe. Werner besorgte daraufhin die Medikamente.

Das Bein des Soldaten konnte gerettet werden. «Darauf bin ich stolz», sagt Werner. Tageslicht strömt durch ein Fenster des Patientenzimmers. Auf dem Bett sitzt ein muskulöser, dunkelhaariger Soldat, mit einem Verband am rechten Arm und einigen Schürfwunden im Gesicht. Wir nicken ihm zu, er erwidert den Gruß, und als Werner ihm eine Tüte reicht, setzt er sich aufrecht hin. «Grazie», sagt er leise. Werner lächelt, spricht ihn direkt an. Der Mann gehört zur Internationalen Legion, ein italienischer Kämpfer. «Ich bin hier, weil Europa zusammenstehen muss», sagt er, während er das Geschenk auspackt. Es gehe ihm um Europa. Werner und der Soldat sprechen über Ferraris, die Küste und den Geschmack von italienischem Kaffee. Wir gehen den Flur entlang, holen wieder zwei Tüten von den Krankenschwestern ab und gehen ins nächste Zimmer.

Auf dem linken Bett sitzt ein breitschultriger Belarusse, halb aufrecht, mit dickem Verband um die Schulter. Auf der anderen Seite liegt ein schmaler, junger Ukrainer mit einem amputierten Bein. Der Stumpf ist frisch bandagiert. Werner reicht dem Belarussen eine Tüte und fragt: «Wie geht es Ihnen?» Ich übersetze. Der Belarusse lächelt schwach. «Danke, es geht», sagt er. «Aber es ist schwer.» – «Sie kämpfen in der belarussischen Legion, richtig?» – «Seit mehr als zwei Jahren kämpfe ich hier.» Werner nickt: «Es ist mutig, was Sie tun.» Der Belarusse lächelt.

In Deutschland wird dieser Mut gern bewundert, manchmal auch romantisiert. Aber selten wird er verstanden. Denn wer in Sicherheit lebt, verwechselt Mut oft mit Haltung, Krieg mit Prinzipien. Man liest darüber, man spendet, man zweifelt. Der Belarusse kämpft.

Es gibt ein Konzept in der internationalen Politik, das einmal wie ein Versprechen klang: *Responsibility to Protect*. Die Verantwortung zu schützen – nicht nur das eigene Territorium, sondern Menschen, wo immer sie Opfer von Völkermord, Verbrechen gegen die Menschlichkeit oder Kriegsverbrechen zu werden drohen. Es war die moralische Antwort auf Ruanda und Srebrenica. Doch dieses Versprechen hat keine Zähne. Es lebt vom Mut derer, die es im Ernstfall einlösen. Und es scheitert an der Feigheit derer, die es beschlossen haben.

Der Belarusse hat dieses Mandat nie erhalten. Kein Sicherheitsrat hat abgestimmt, kein Bundestag debattiert. Und doch tut er, was Demokratien versprochen, aber nicht eingelöst haben: Er schützt. Nicht im Namen eines Staates, sondern im Namen einer Wahrheit, die nur auf dem Schlachtfeld Bestand hat – dass Freiheit nicht diskutiert, sondern verteidigt wird. Vielleicht ist es das, was mich am meisten beschämt: Dass wir Begriffe haben für eine Verantwortung, die wir nicht übernehmen – während andere keine Begriffe brauchen, um sie zu tragen.

Dann wendet sich Werner dem Ukrainer zu, der ihm schweigend zusieht: «Und wie fühlen Sie sich?» Der Ukrainer lacht, deutet auf sein fehlendes Bein und sagt: «Ich fühle mich... ein bisschen leichter jetzt.» Werner nickt. «Es ist bewundernswert, wie Sie weitermachen.» Der Ukrainer bedankt sich, Werner streckt ihm die Hand entgegen: «Slava Ukrainji!» – «Gerojam Slava!»

Die Krankenschwestern warten schon mit der nächsten Tüte in den Händen. Als wir die Tür öffnen, ist das Zimmer leer. Das Bett ist gemacht. Auf dem Nachttisch steht eine halb volle Flasche Wasser neben einem Becher. «Er ist beim Arzt», sagt eine Krankenschwester. «Er kommt später.»

Werner fragt: «Meinen Sie, er würde sich über ein Geschenk freuen?» Die Krankenschwester seufzt. «Bestimmt. Er hat beide Beine verloren, und es kommt niemand, um ihn zu besuchen, kein Angehöriger, kein Freund. Er ist ganz allein hier.» Werner bleibt stehen, seine Stirn in Falten. Er legt die Tüte auf den Nachttisch: «Sagen Sie ihm bitte, dass wir an ihn denken.»

Ein paar Tage später blinkt eine Nachricht auf meinem Handy. Die Nächte davor hallen noch nach – das Dröhnen in der Ferne, mal dumpf, mal gellend nah. Sirenen zerreißen die Dunkelheit, das monotone Surren von Drohnen über den Häusern lässt den Atem stocken. Einschläge irgendwo am Stadtrand, das Beben der Scheiben, wenn die Luft vibriert. Kein Schlaf, nur Zwischenzustände.

Absender: Hyäne.

Ich muss lächeln.

Wir kannten uns von der Leo-1-Ausbildung in Deutschland. Er gehörte zu denen, die immer einen Spruch auf den Lippen hatten – manchmal trocken, manchmal schräg, nie böse. Während die anderen rauchten oder schliefen, erzählte er Witze über russische Panzer oder beschwerte sich über das deutsche Essen. Sein Lachen war laut, krächzend, ansteckend – so eigen, dass man ihn irgendwann einfach «Hyäne» nannte. Der Name blieb.

Jetzt schreibt er: *«Na, du Fronturlauber. Komm vorbei. Ich hole dich bei Izyum ab und dann fahren wir* zu uns» Darunter ein Smiley mit Helm und zwei Explosionen.

Ich lese die Nachricht mehrmals. Nicht wegen der Worte – die sind klar. Aber wegen dem, was dahinter liegt.

Eine Einladung. Eine Schwelle. Kein Scherz. Draußen zieht das Leben vorbei. In meinem Kopf rattert ein Motor. Ich sehe den Panzer, den wir in Deutschland so oft erklommen haben. Ich sehe Hyäne, wie er mich unter seinem Helm angrinst und sagt: *«Du bist hier für den kulturellen Austausch.»*

Ich antworte nur: *«Ich mache mich auf den Weg.»*

7.
Friedensarbeit

Der Bahnhof von Charkiw ist laut, staubig, überfüllt. Die Lautsprecher krächzen Zielorte, irgendwo röhrt ein Generator, ein Kind weint kurz auf. Ich stelle mich an den Rand des Platzes und scrolle auf meinem Handy.

Blablacar, 14:00 Uhr, Richtung Isjum. Grauer Transporter, neun Sitze. Angaben zum Fahrer. Ich warte am Taxistand. In der Luft liegt der Geruch von Frittierfett, warmem Staub und Diesel. Neben mir flucht jemand am Telefon. Ein alter Mann fegt Sonnenblumenkerne vom Asphalt. «Chitajesch?» – *Liest du?* Er war plötzlich da: schmal, sehnig, wettergegerbtes Gesicht, zwei prall gefüllte Plastiktüten in der Hand. Bücher. Zerfledderte russische Ausgaben, gestapelt nach Thema oder Zufall. Gogol, Bulgakow, irgendwas von Ehrenburg. Und Remarque.

Er wühlt kurz, zieht dann ein Exemplar hervor: *Арка Триумфа – Arche des Triumphs*, russische Ausgabe. Der Umschlag eingerissen, der Buchrücken mit Tesa geflickt. Zwischen den Seiten: ein gepresstes Gänseblümchen. «Remarque», sagt er. Er grinst schief. «Für was auch immer kommt. Die Helden sterben eh.» Ich frage, was es koste. Er nennt einen Preis. Nicht hoch. Ich zahle, stecke das Buch in meine Jackentasche. Dann verschwindet er, wortlos, als hätte er nie existiert.

Ein paar Minuten später biegt ein grauer Renault-Transporter um die Ecke. Der Fahrer lässt die Scheibe runter, sagt meinen Namen ohne zu fragen. Ich nicke, er öffnet die Tür. Innen: drei Männer, keiner sagt etwas. Einer trägt Uniform, der andere AirPods, der dritte starrt aus dem Fenster. Ich setze mich auf den freien Platz in der zweiten Reihe. Die Tür schließt. Der Motor ruckt. Der Bahnhof verschwindet. Vor uns liegt die Straße nach Isjum.

Ich halte das Buch in den Händen, während der Transporter durch die zerbröckelte Stadt fährt. *Arche des Triumphs*, russische Ausgabe. Remarque. In Deutschland gilt er bis heute als der große Pazifist. Der Schriftsteller, der dem Krieg sein Pathos genommen hat. *Im Westen nichts Neues* als Schullektüre, als Mahnung, als literarische Gedenkminute. Aber wer ihn wirklich liest, merkt schnell: Es geht ihm nicht um Frieden, sondern um den Schaden, den Gewalt im Menschen hinterlässt – auch dann, wenn sie notwendig war. Remarque war kein Verweigerer. Er war ein Überlebender.

In Deutschland wurde er zur Figur gemacht – ein Denkmal in eigener Sache. Der Mann, der alles gesagt hatte, sodass wir nichts mehr sagen mussten. Dabei hat er selbst kaum je von Pazifismus gesprochen. Er schrieb von Schmerz, von Verlust, von Entwurzelung. Seine Helden kämpfen nicht für Ideale, sondern weil sie keinen Ausweg haben. Und sie lieben nicht, weil sie Hoffnung haben – sondern weil sie wissen, dass sie sterben können.

Vielleicht ist das der Irrtum der Erinnerung: dass wir aus Literatur ein Etikett machen, ein Siegel, das unsere eigene Bequemlichkeit schützt. Remarque als Pazifist – das beruhigt. Remarque als Zeuge des Unausweichlichen – das verstört.

Ich sehe aus dem Fenster. Die Straße nach Isjum ist leergefegt, gesäumt von Wäldern und Plakatwänden ohne Aufschrift. Und ich frage mich: Wäre Remarque heute noch Pazifist – wenn er hier säße?

Wahrscheinlich nicht. Zumindest nicht in der Weise, wie Pazifismus heute oft verstanden wird – als politische Haltung, die sich über dem Geschehen hält, die Gleichgewicht und Dialog beschwört, selbst wenn Panzer rollen. Remarque war kein Moralist. Er war kein Neutraler. Er war ein Mann, der den Krieg kannte, den Dreck, den Hunger, das Stumpfwerden, das Schlachten. Und er hat darüber geschrieben – nicht um abzuraten, sondern um festzuhalten, was es kostet.

Wenn Remarque heute in diesem Transporter säße, auf dem Weg nach Isjum, mit dem Geruch von Diesel in der Nase und dem dumpfen Wissen, dass hinter dem nächsten Checkpoint vielleicht schon die Front beginnt – er würde vielleicht nicht zum Gewehr greifen. Aber er würde wissen, warum andere es tun. Und er würde nicht verurteilen.

Vielleicht würde er sich wie damals etwas notieren – auf Knien, im Dreck. Vielleicht würde er später schreiben, was sich in keinem Parteiprogramm und keinem Friedensappell sagen lässt: Dass es Kriege gibt, die man nicht will, die man aber abwehren muss. Dass es Entscheidungen gibt, die falsch sind – und dennoch richtig. Und dass es keine saubere Moral gibt, wenn der Himmel brennt. Remarque war kein Pazifist. Er war Realist mit gebrochenem Herzen. Und genau darin liegt seine Wahrheit.

Der Transporter brummt gleichmäßig über die bucklige Landstraße. Die Sonne tief, die Klimaanlage funktioniert nur halb. Einer der Männer schläft mit offenem Mund, der andere scrollt stumm durch seine Galerie. Ich blicke aus dem Fenster auf ein Stück Ukraine, das sich weder wehrt noch ergibt – es ist einfach da, leer und staubig. Am Horizont zeichnet sich der Turm einer kleinen orthodoxen Kirche ab, grau gegen den Himmel, die Kuppel golden. Der Fahrer nimmt den Fuß vom Gas, das Brummen des Motors sinkt auf ein tiefes Grollen herab. Der Wagen rollt langsamer über die Straße.

Vor der Kirche hat sich eine kleine Menge versammelt. Vielleicht 20, 30 Menschen – manche in Uniform, andere in zivil. Ihre Gesichter sind kaum zu erkennen, nur die Haltung verrät: Das hier ist kein gewöhnlicher Tag.

Zwei Männer steigen langsam die Stufen der Kirche hinunter. Zwischen ihnen: ein Holzsarg. Dunkel, schlicht, kein Zierrat, nur zwei weiße Streifen an den Griffen, notdürftig mit Stoff umwickelt. Ein Priester geht voran, den Blick gesenkt, das goldene Kreuz pendelt träge über der Soutane. Hinter dem Sarg folgen drei Soldaten mit abgenommenen Mützen. Ihre Blicke sind geradeaus gerichtet, nicht ausdruckslos – nur diszipliniert.

Ein Junge steht am Rand, vielleicht 13, 14. Er hält ein kleines Bündel roter Beeren in der Hand, Viburnum wahrscheinlich – Kalyna. Die traditionelle Trauerblume der Ukraine. Seine Lippen sind aufgebissen.

Der Fahrer schaltet einen Gang herunter, lässt das Auto ausrollen. Keine Hupe, kein Ton. Nur das leise Knarzen der Bremsen, als der Wagen zum Stehen kommt. Ich sehe zu, wie der Sarg in das wartende Fahrzeug geschoben wird – ein alter Kastenwagen mit einem matten Kreuz an der Seite. Der Motor läuft, aber niemand steigt sofort ein. Es scheint, als müsste dieser Moment noch verharren. Als dürfe man ihn nicht zu schnell beenden. Ein alter Mann bekreuzigt sich, dreimal, langsam. Dann senkt er den Kopf.

Ich frage mich, wie oft sich diese Szene in den letzten

Monaten wiederholt hat. Und wie viele Namen man schon nicht mehr kennt. Nur Orte. Und das Schweigen dazwischen.

«Wie lang noch bis Isjum?» fragte ich irgendwann in die Runde. Der Fahrer antwortet knapp: «Eine Stunde vielleicht. Wir machen da einen Halt. Danach geht's weiter.»

«Wohin weiter?»

«Pokrowsk.»

Ich nicke. «Ich steige in Isjum aus.»

Der Fahrer sieht kurz in den Rückspiegel. «Alle anderen fahren durch.»

Wir fahren nach Isjum rein, der Wagen holpert über lose Betonplatten, bremst an einem improvisierten Checkpoint, ein Soldat mit Zigarette nickt nur – dann rollen wir weiter. Die Stadt ist nicht still. Im Gegenteil. Überall Bewegung. Auf den Straßen stehen Militärfahrzeuge, Zivilwagen mit zerschossenen Türen, Handkarren mit Wassergallonen. Kinder laufen über die Straße, eine Frau verkauft Eier aus einem Karton, irgendwo bollert ein Generator. Jemand grillt Schaschlik auf einem alten Ölfass, und ein Lautsprecher spielt russischen Rap aus einem zerkratzten Handy.

Uniformierte mit offenen Westen saßen rauchend auf Bordsteinen, zwei trugen Matratzen über der Schulter. Ein Hund bellt hinter einem Bauzaun. Staub liegt über allem wie eine zweite Haut – aber das Leben lässt sich nicht vertreiben.

Isjum sah aus wie ein Ort aus einem alten Western: Etwas verfallen, staubig, provisorisch. Aber lebendig. So als hätte man vergessen, dass es hier einmal Krieg gegeben hatte – oder als wüsste jeder, dass er wiederkommen kann, nur eben nicht heute. «Dort drüben gibt's Kaffee», sagt der Mann auf dem Beifahrersitz, zeigt auf ein Gebäude ohne Fenster.

«Und da hinten kriegst du Zigaretten.» Ich sehe aus dem Fenster. Ein junger Soldat mit bunten Socken unter der Tarnhose zieht einen Einkaufswagen voller Batterien hinter sich her. Ein älterer trägt eine Gitarre auf dem Rücken. Zwei Jungs laden Kartoffeln aus einem Auto, einer lacht laut. Der Wagen hält. «Hier ist dein Ausstieg», sagt der Fahrer. Ich steige aus, die Sonne brennt auf den Nacken, die Luft trocken, alles riecht nach gebratenem Fleisch. Der Transporter fährt weiter, Staub wirbelt auf. Ich stehe da – mitten in dieser improvisierten Normalität, die sich anfühlte wie ein Filmset nach dem Dreh. Ich denke daran, dass die Stadt 2022 unter russischer Okkupation stand.

Fünf Monate lang. Gefoltert wurde hier, getötet, verschwunden. Jetzt tragen sie wieder Orangen in Plastiktüten, schieben Einkaufswagen durch Granatentrichter, spielen Karten vor zerbrochenen Fenstern. Der Krieg hat sich nicht zurückgezogen – er hat nur kurz den Schauplatz gewechselt.

Ich sehe ihn schon von weitem. Hyäne lehnt an einer kaputten Telefonzelle. Er schiebt die Sonnenbrille hoch, eine Zigarette im Mundwinkel, die noch nicht brennt. Als er mich sieht, grinst er schief, kommt ein paar Schritte auf mich zu.

«Dolmetscher», sagt er.

«Soldat», antworte ich.

Wir klopfen uns ab. Kein großes Wiedersehen. Nur ein kurzes, festes Einvernehmen: Du bist da. Ich auch. Reicht.

«Willkommen in der Hauptstadt der Löcher», sagt Hyäne, dreht sich halb zur Straße. «Wir brauchen ein Taxi.»

«Nach Kupjansk?», frage ich.

«Nicht ganz so weit. Aber in die Richtung. Bis zu einer Stellung. Von dort holt uns jemand ab.»

«Wer fährt so weit?»

«Gute Frage.»

Wir laufen los. Vorbei an einem Marktstand mit Wasserkanistern, einem provisorischen Café aus Wellblech, in dem jemand Instantkaffee in Plastikbecher gießt. Die Stadt voller Leben, aber auch voller Vorsicht – als würde sich alles unter einem dünnen Film aus Misstrauen abspielen.

«Da hinten», sagt Hyäne, zeigt auf einen alten Mercedes mit Militäraufklebern und zivilen Nummernschildern. Zwei Männer stehen daneben, rauchen, einer redet laut ins Handy.

Wir gehen hin. Hyäne spricht kurz mit dem Fahrer – auf Russisch, schnell, knapp. Der Mann schüttelt den Kopf, dann hebt er die Schultern, als wäre es ohnehin egal. «Wir fahren einige Zeit», sagt Hyäne. «Danach ist Sense. Dann zu Fuß.» Ich nicke. Der Fahrer tritt die Zigarette aus und öffnet den Kofferraum. Staub wirbelt auf. Ich werfe meinen Rucksack hinein, höre das dumpfe Poltern von Metall auf Gummi.

Wir steigen ein. Die Sitze sind durchgesessen, das Fenster auf der Beifahrerseite lässt sich nicht schließen. Hyäne lacht leise. «Wie früher in der Ukraine», sagt er. «Nur dass du heute hoffst, dass dich keiner sieht.» Der Motor röhrt auf. Die Stadt zieht an uns vorbei. Wir fahren – Richtung Kupjansk.

Der Wagen hält abrupt. Kein Ort. Kein Schild. Kein Mensch. Nur offenes Feld, ausgetrocknete Erde, ein paar vereinzelte Büsche, eine ferne Baumlinie am Horizont. Die Tür öffnet sich, der Fahrer sagt kein Wort. Ich steige aus. Hyäne auch. Der Kofferraum wird geöffnet, dann wieder zugeworfen. Eine Staubwolke. Dann dreht der Fahrer wortlos den Motor auf und fährt davon, als hätte es uns nie gegeben. Der Sound des Wagens wird kleiner – und verschwindet.

Zurück bleibt Stille. Und wir zwei. Hyäne zündet sich eine Zigarette an, schaut in die Ferne. Sagt nichts. Ich spüre, wie die Hitze auf meinem Nacken brennt, wie mein Atem schneller wird. Keine Häuser. Keine Straßen. Kein Signal. Nur Hyäne. Mit Waffe. Und ich, mittendrin. Ein Deutscher. Ein Zivilist. Einer, der ein bisschen zu viel weiß. Ich sage nichts. «Du denkst, ich bring dich jetzt um, oder?» Ich zuckte zusammen. Sagte nichts. Er dreht sich zu mir, sieht mich an. Lächelt nicht. «Die meisten glauben das in der ersten Minute hier draußen.»

Kurze Pause. Dann: «Ich vertraue Taxifahrern nicht. Manche haben schon Positionen verkauft. Wegen Zigaretten. Wegen Scheiße. Danach sterben Leute.» Er wirft die Kippe auf den Boden. «Also steigen sie nicht aus, wo wir hinmüssen. Nie.» Ich atme aus. Nicht laut. Aber sichtbar. Hyäne sieht es. Jetzt grinst er doch. «Ich bring dich schon noch um, wenn's soweit ist», sagte er. «Aber nicht hier. Das wäre zu langweilig.»

Wir laufen zu Fuß weiter. Der Wind wehte flach über das offene Feld, irgendwo in der Ferne rostiges Eisen – ein altes Windrad vielleicht, oder ein Strommast im Wind. Hyäne sagt lange nichts, dann beginnt er plötzlich zu erzählen. Ohne viel Gerede, ohne Einleitung. Als müsste es jetzt einfach raus.

«Alles fing morgens am 24. Februar 2022 an. Ich bin gegen fünf Uhr aufgewacht – nicht von Schüssen, sondern von Anrufen. Verwandte, Freunde, Leute aus Nachbardörfern: ‹Die Russen sind durch, Panzer fahren über die Felder.› Ich war verwirrt. Dachte, das ist wieder irgendein Manöver. Aber gegen sechs Uhr hörte man schon die Artillerie. Ich lief in der Wohnung hin und her, meine Frau und die Kinder schliefen noch. Ich hatte dieses komische Gefühl im Körper – wie Fieber ohne Hitze. Aber ich wusste: Das wird nicht gut.» Er trat auf einen trockenen Ast, der unter seinem Stiefel zerbrach. «Schon am Tag davor waren alle Polizisten verschwunden. Auf dem Heimweg von der Arbeit sah ich zwei BMPs – unsere. Grenzschutz. Sie haben sich verpisst. Da hab ich's gespürt.» Ich sagte nichts. Hyäne sprach weiter, als würde er nur laut denken.

«Mein Heimatort – liegt keine 30 Kilometer von der russischen Grenze. Wenn du durch die Felder gehst, noch näher. Am Morgen hatten die schon russische Fahnen an die Fenster der Stadtverwaltung geklebt. Unsere Leute haben sie wieder runtergerissen. Der Bürgermeister, die ganze Stadtverwaltung – alle von Derkatschs Partei. Und Derkatsch? Der war da schon in Moskau. Verräter.»

Wir laufen einen Feldweg entlang. Das Gras staubig, der Himmel blank. Hyäne blickt geradeaus.

«Am ersten Tag sind die Russen nicht mal richtig rein – sie haben die Stadt einfach umzingelt. Nur ein paar Kommandeure sind auf Schützenpanzern durchgefahren. Wahrscheinlich, um sich die Waffen aus der Polizeistation zu holen. Die Leute sind durchgedreht, haben die Supermärkte leergekauft. Innerhalb eines Tages war alles weg. Bei uns gibt's noch viele mit Gärten, Vorratskellern. Wir haben Gemüse, Fleisch, ein paar Reserven. Aber Zigaretten, Hygieneartikel – alles weg. Mangelware.»

Ich bin still. Er spricht ruhig, fast gleichmütig.

«Am zweiten Tag war alles zu. Man hörte nur noch Flugzeuge, Artillerie, Hubschrauber. Die Leute filmten, machten Fotos, schickten alles nach Kyjiw, an jeden, den sie kannten. Ich auch. Am dritten Tag ging bei manchen schon das Essen aus. Wir teilten unter Nachbarn. In den Außenbezirken fingen die Burjaten an zu plündern. Sie kamen mit vorgehaltener Waffe. Unsere Stadtoberen arbeiteten mit denen zusammen. Und bis heute verstehe ich nicht, warum die noch immer auf ihren Posten sitzen. Wo bleibt das SBU?» Er schnaubt leise.

«Dann kam der März. Es wurde noch kälter als im Februar. Der Hunger kam. Der Strom ging. Das Gas wurde abgedreht. Kein Licht. Kein Heizgerät. Kein Nichts. Ich hatte nur Tabakreste, sammelte alte Zigarettenstummel. Gras rauchen ging nicht – davon kriegt man Hunger, und Hunger war das Letzte, was man sich leisten konnte. Ich hab damals alles abgegeben: das, was da war, ging an meine Frau, meine Kinder, meine Mutter. Ich hab abgenommen wie verrückt.»

Wir gehen langsam. Ich höre jeden Schritt im Kies. Hyäne spricht weiter, ruhig, als hätte er das schon hundertmal erzählt. Am Straßenrand tauchen erste Schilder auf. Weiße Tafeln, schräg in den Boden gerammt, das Rot an den Rändern bereits ausgeblichen. In der Mitte: ein Totenkopf über zwei gekreuzten Knochen. Darunter in kyrillischer Schrift: ОБЕРЕЖНО! МІНИ! – Achtung, Minen!

Manche Tafeln hängen schief, als hätte der Wind sie verdreht oder jemand versucht, sie zu entfernen. Dazwischen flattert rotes Absperrband – zerrissen, ausgebleicht, manchmal nur noch ein Streifen Plastik im Wind. Auf der anderen Straßenseite stehen zwei alte Autoreifen, die mit Spraydose markiert wurden. Irgendjemand hat einen Ast dazwischengelegt. Provisorischer geht es nicht. Aber jeder hier weiß: Ein Schild ist ein Schild. Und manchmal das Einzige, was dich warnt.

«Später kam Solidarität auf. Die Bauern gaben Mehl aus ihren Lagern. Eier von der Geflügelfarm. Milch vom Hof. Man verkaufte billig oder verschenkte an Familien mit Kindern. Ich bin mit dem Fahrrad in ein Nachbardorf gefahren, zu meiner Tante. Lebensmittel holen. Und nebenbei: Lage checken. Die Burjaten am Posten haben mich kontrolliert, ich hab irgendeinen Blödsinn auf Russisch erzählt. Die konnten's selbst kaum. Meine Tante hat gesagt, es gab in den Dörfern schon Vergewaltigungen. Leute verschwanden.»

Er hielt kurz inne. Dann:

«Mitte März kamen Gerüchte, dass die Russen anfangen, Leute zu erschießen. Einfach so. Später fand man Leichen in Gruben. Hände und Füße gefesselt. Einschusslöcher im Hinterkopf. Frauen. Auch vergewaltigt.»

Ich schlucke. Hyäne sieht mich nicht an.

«Am 20. März zogen sie ab. Beim Rückzug sprengten sie noch die Brücken. Die Kolonne war 25 Kilometer lang. Warum sie niemand zerschossen hat – keine Ahnung. Und dann, kaum waren sie weg, kamen wie aus dem Nichts wieder die Polizisten und die Wehrdienststellen. Ich bin zur Armee. Freiwillig. Was blieb mir übrig?»

Er schweigt. Nur das Knirschen unserer Schritte ist zu hören. Dann fügt er leise hinzu: «Das war jetzt nur die Kurzfassung. Über das, was wirklich war, könnte man ein Buch schreiben.» Ich nicke.

Eine Weile gehen wir schweigend weiter. Die Luft steht, das Licht ist flach und weich über dem Feld. Ich spüre den Druck seines Erzählten noch in der Brust, als hätte er es mir nicht nur gesagt, sondern übergeben wie ein schweres Paket. Dann frage ich – leise, fast zögerlich, weil ich nicht weiß, ob es überhaupt okay ist: «Sag mal, Hyäne … warum kämpfst du eigentlich? Ich meine – wirklich. Was hält dich hier?»

Er bleibt nicht stehen, aber er sieht mich an.

Kurz. Wach. Prüfend. Dann antwortet er. Ruhig.

«Weil ich keine Wahl hatte.»

Ich sage nichts.

«Die Russen haben nicht irgendein Land überfallen. Sie haben mein Leben überfallen. Meine Straße. Mein Bett. Meine Familie. Ich bin nicht losgezogen mit einer Idee. Ich bin geblieben mit einer Entscheidung.»

Wenn einem Menschen nicht nur sein Besitz genommen wird, sondern auch der Sinn seiner Zugehörigkeit: der Ort, an dem er geboren wurde, die Sprache, in der er träumt, die Küche, die seine Kindheit prägte, die Fenster, aus denen er den Frühling kommen sah. Der Verlust der Heimat ist nicht nur ein geographischer. Es ist ein metaphysischer. Es ist die Vertreibung aus dem eigenen Leben.

Hyäne kämpft nicht für eine abstrakte Idee. Er kämpft nicht für Farben auf einer Flagge oder Sätze in einem Gesetz. Er kämpft für das Recht, *zu Hause* zu sein – nicht im Sinne von «Besitz», sondern im tiefsten Sinn von Identität. Von Dasein. Von Menschsein.

Er ist nicht losgezogen. Er ist geblieben – mit einer Entscheidung. Weil Flucht keine Alternative war, sondern ein Verrat an allem, was er geliebt hat. Ein paar Schritte schweigen wir. «Weißt du, in Deutschland stellen sie sich das immer wie eine Option vor. Kämpfen oder nicht. Wie ein moralisches Dilemma», sage ich.

«Für mich war es keine Frage. Es war einfach da. Wie ein Feuer. Wenn du nicht löscht, brennt dein Haus.»

Er sieht nach vorn, als könne er dort irgendwo das sehen, wofür er kämpft. «Und ich will nicht, dass meine Kinder in einem Land leben, in dem Männer mit Uniformen nachts klopfen und niemand fragt, warum. Ich will, dass sie irgendwann keine Angst mehr haben müssen, wenn ein Auto langsam vor dem Haus hält.» Ich nicke. Langsam. Irgendwo im Hintergrund hören wir Explosionen.

Er fährt fort: «Außerdem – wenn ich nicht kämpfe, wer dann? Die, die geflohen sind? Die, die diskutieren? Die, die auf den Westen warten?» Er lacht leise. «Ich war kein Held, bevor das anfing. Ich bin auch jetzt keiner. Ich bin einfach jemand, der nicht wollte, dass andere für ihn sterben.» Dann schweigt er.

Und ich weiß: Das ist die ehrlichste Antwort, die ich je auf diese Frage gehört hatte. Wir gehen weiter. Kein Wort mehr. Der Horizont vor uns flimmert. Und ich spüre, dass ich noch lange über diesen Moment nachdenken werde – über die Klarheit eines Mannes, der nicht warten wollte, bis jemand anderes für ihn untergeht. Der Weg wird schmaler, der Boden sandiger. Vor uns taucht ein Dorf auf – oder das, was davon übrig war. Ein paar ausgebrannte Höfe, zerborstene Fensterrahmen, ein Strommast, der schräg in der Landschaft hängt wie ein Kreuz.

Kein Hund, kein Mensch. Nur das Zwitschern der Vögel war zu hören. Ich hebe meinen Kopf. Irgendwo im Gestrüpp trällern sie, unsichtbar, doch unüberhörbar. Ein kurzer, heller Laut. Dann wieder Stille. Dann ein zweiter, zögernder Ruf. Als würde die Natur sich vortasten, ob es wieder sicher sei, zu atmen. Hyäne bleibt stehen. «Gut, dass wir sie hören», sagt er leise. Ich sehe ihn an. «Wenn die Vögel verschwinden», fährt er fort, «dann dauert's nicht lang, bis es kracht. Entweder Geschosse. Oder Drohnen. Oder beides.»

Er sagt es sachlich, fast beiläufig – als sei es nur eine Wetterbeobachtung. Dann bewegt er sich wieder, den Blick nach vorn gerichtet, als gäbe es zwischen Bäumen und Wracks noch einen unsichtbaren Pfad, dem nur er folgen kann. Ich höre genauer hin. Das Zwitschern ist da. Fragil, zart – aber da.

Zwischen Traktoren, rostigen Pflügen und einem Haufen verdorrter Strohballen ragt plötzlich der grüne Koloss auf: ein Leopard 1. Ein zweiter steht ein paar Meter weiter unter einem provisorischen Unterstand aus Planen und Holzlatten. Ich erkenne die Fahrzeuge sofort. Ich habe in Deutschland stundenlang neben ihnen gestanden, in der Halle, auf dem Übungsplatz, als Dolmetscher. Ich kenne ihre Geräusche, ihren Dieselgeruch, sogar die Nummern auf den Luken kommen mir vertraut vor. «Die Panzer aus der Ausbildung?» frage ich. Hyäne trat an einen der Kettenstränge, klopft mit der Hand gegen das kühle Metall. «Genau die.» Ich trete näher.

«Und tankt ihr die Dinger hier auch mit Sonnenblumenöl?»

Hyäne lacht trocken.

«Man nimmt, was man kriegen kann.»

Der Lack staubig, aber intakt. Die Luke steht einen Spalt offen. Als hätte man die Panzer einfach hierher verpflanzt, mitten in die Stille. Zwischen verfallene Scheunen und leere Hühnerställe. «Warum stehen sie hier?» frage ich schließlich. «Warum nicht weiter vorn?»

Hyäne zögert, dann zuckte er mit den Schultern. «Weil sie hier sicherer sind. Weil vorne nichts sicher ist. Und weil nicht alles, was du siehst, wirklich einsatzbereit ist.» Er lehnt sich gegen das Fahrgestell, zündet sich eine Zigarette an. «Manche von denen funktionieren nur noch halb. Andere haben Ersatzteile, die nie ankamen. Und manche …» – er sieht mich an – «… stehen einfach da, damit Drohnen denken, wir hätten mehr.» Ich schweige. Die Panzer aus der Ausbildung. Jetzt getarnt mit Heuballen, in einem toten Dorf, nur wenige Kilometer von der Front entfernt. Ich trete an den Rand des Feldwegs und lasse den Blick schweifen. «Und wenn sie gebraucht werden?» frage ich leise. Hyäne bläst Rauch in den Wind.

«Dann fahren sie. Oder sie brennen. So ist das hier.»

Während wir durch das verlassene Dorf laufen, die Panzer hinter uns im Staub verschwinden, spüre ich, wie die Stille schwerer wird. Hyäne geht voraus, sein Schritt gleichmäßig, als würde er die Wege hier im Schlaf kennen. Die Luft ist trocken, der Himmel ein fahles Blau, und das Zwitschern der Vögel ist nur noch vereinzelt zu hören, wie ein Nachhall. Meine Gedanken driften zurück zu Deutschland, zu den Gesprächen über Krieg und Frieden, die so weit weg scheinen von diesem staubigen Pfad.

Hyäne dreht sich plötzlich halb um, ohne stehen zu bleiben. «Übrigens», sagt er, seine Stimme beiläufig, aber mit diesem Unterton, der mich aufhorchen lässt. «Der Zugleiter will dich sehen.» Ich bleibe stehen. «Der Zugleiter? Wer ist das?» Mein Herz schlägt schneller. Ich bin hier als Zivilist, ein Dolmetscher, ein Beobachter – was kann ein Zugleiter von mir wollen? Hyäne zuckt nur mit den Schultern, ein schiefes Grinsen auf den Lippen. «Keine Sorge. Er beißt nicht. Nicht immer.»

«Hyäne, im Ernst. Warum will er mich sehen?» Meine Stimme klingt schärfer, als ich wollte. Ich spüre, wie sich ein Knoten in meinem Magen bildet. Die Unsicherheit, die ich in Deutschland so oft ignoriert hatte, kriecht hier, in diesem Niemandsland, an die Oberfläche. Bin ich zu weit gegangen? Habe ich etwas Falsches gesagt oder geschrieben?

«Er hat von dir gehört», sagt Hyäne, jetzt etwas ernster. «Von der Ausbildung in Deutschland. Sagt, du warst der mit der rosa Sonnenbrille.» Er lacht kurz, ein trockenes, raues Geräusch. «Du hast echt einem von uns so ein Ding geschenkt?» Ich schlucke. Die Erinnerung blitzt auf. Es war auf der Militärbasis in Deutschland, während der Leo-1-Ausbildung. Einer der Soldaten, ein breitschultriger Typ mit einem Lachen wie ein Gewitter, hatte sie gesehen, sie sich geschnappt und aufgesetzt. Ich hatte ihm die Brille überlassen, ohne darüber nachzudenken. Ein Moment der Leichtigkeit, einer der wenigen damals.

«Das war nur ein Scherz», murmle ich, mehr zu mir selbst. Hyäne grinst breiter. «Ja, klar. Aber hier draußen bleibt so was hängen. Der Typ trägt sie immer noch. Sagt, sie bringt Glück.» «Und dieser Typ ist jetzt Zugleiter?» Meine Stimme ist leise, fast vorsichtig. Hyäne nickt, ohne mich anzusehen. «Jep. Oleksandr.»

Wir gehen weiter, der Pfad führt uns an einem ausgebrannten Traktor vorbei, dessen Gerippe im Sonnenlicht glänzt. Meine Gedanken rasen. Was will dieser Oleksandr von mir? Ist es wirklich nur die Erinnerung an die Sonnenbrille, oder steckt mehr dahinter? Ich bin kein Soldat, kein Kämpfer – nur ein Typ, der übersetzt hat, mitschreibt, zusieht. Doch hier, so nah an der Front, fühlt sich jede Begegnung wie ein Test an.

So oft wird darüber geredet, dass dieser Krieg in der Ukraine nur ein Stellvertreterkrieg ist, dass das eigentlich der Krieg des Westens und der Nato gegen Russland ist. Ich hatte den Gedanken kaum zu Ende gedacht, da hörte ich mich schon reden.

«Ey, Hyäne», sage ich, mehr schnaufend als sprechend. «Mal ehrlich – seid ihr eigentlich das Werkzeug des Westens? Also... so USA-mäßig. NATO vs. Russland und ihr mittendrin?», halb im Scherz, halb im Ernst.

Hyäne bleibt stehen, dreht sich zu mir um, hebt eine Augenbraue. Dann sieht er an sich runter, streckt die Knarre von sich, als würde er sie begutachten.

«Dieses Werkzeug hier?», fragt er und klopft auf seine Kalaschnikow. «Drusche, wenn das High-Tech aus Washington ist, dann bin ich Miss Ukraine 2012.»

Er grinst breit, schüttelt den Kopf.

«Ich wünschte, es wäre so», sagt er. «Wirklich. Dann hätten wir vielleicht mehr als zehn funktionierende Drohnen pro Kompanie. Dann müssten wir nicht jeden verdammten Helm dreimal flicken.»

Er hebt die Waffe noch mal hoch. «Die hier ist älter als mein Kumpel. Und der ist seit zwei Jahren tot.»

Nach ein paar Minuten taucht ein kleiner Unterstand auf, halb versteckt zwischen Bäumen und einem Haufen Sandsäcke. Ein paar Soldaten lehnen an einem improvisierten Tisch, Karten in den Händen, Zigarettenrauch steigt in die Luft. Hyäne hob die Hand zum Gruß, und einer der Männer, ein schmaler Typ mit einem Verband um die Hand, nickt zurück. «Oleksandr ist da drüben», sagt er und deutet auf eine kleine Hütte, die eher wie ein Schuppen aussieht.

Mein Puls beschleunigt sich wieder. Hyäne klopft mir auf die Schulter. «Entspann dich. Er will nur reden.» Doch seine Worte beruhigen mich nicht. Ich folge ihm, meine Schritte schwerer, als sie sein sollten. Die Hütte ist aus Brettern und Planen zusammengeschustert, das Dach halb eingefallen. Hyäne stößt die Tür auf, und ein Schwall warmer, muffiger Luft kommt uns entgegen.

Drinnen ist es dämmrig, nur ein schmales Fenster lässt Licht herein. Ein Mann sitzt an einem wackeligen Tisch, vor ihm eine Karte, ein Funkgerät und eine Tasse mit kaltem Tee. Er ist groß, breitschultrig, die Ärmel seiner Uniform hochgekrempelt. Und da, auf seiner Nase, sitzt sie: die rosa Sonnenbrille. Knallpink, lächerlich deplatziert, und doch trägt er sie mit einer Selbstverständlichkeit, als wäre sie Teil seiner Uniform. «Du bist der Dolmetscher», sagt er, seine Stimme tief und ruhig.

Er steht auf, kommt auf mich zu. «Oleksandr», stellt er sich vor und streckt mir die Hand entgegen. Sein Griff ist fest, aber nicht bedrohlich. «Du hast mir das hier geschenkt», sagt er und tippt an die Sonnenbrille. Ein schmales Lächeln zieht über sein Gesicht. «In Deutschland. Damals. Erinnerst du dich?» Ich nicke, unsicher, was ich sagen soll. «Ja, ich… ich erinnere mich. War nur ein Spaß.»

«Ein guter Spaß», sagt er und setzt sich wieder. «Setz dich.» Er deutet auf einen klapprigen Stuhl gegenüber. Hyäne lehnt sich an die Wand, verschränkt die Arme und beobachtet uns. Ich setze mich, das Holz knarzt unter mir. Oleksandr lehnt sich zurück, die Sonnenbrille glitzert im schwachen Licht. «Die Jungs sagen, sie bringt Glück. Ich hab sie bei manchen Einsätzen getragen. Keiner von uns ist gestorben. Also behalte ich sie.» Ich lächelte schwach, wusste nicht, ob er scherzte oder es ernst meinte. «Freut mich, dass sie was taugt», sage ich, meine Stimme klingt dünner, als ich wollte.

Oleksandr beugt sich vor, seine Augen fixieren mich. «Du bist hier, um zu schreiben, richtig? Für die Zeitung. Für Deutschland.» Es war keine Frage, sondern eine Feststellung. Ich nicke. «Ja. Ich will erzählen, was hier passiert.»

Er nickt langsam, als würde er meine Worte abwägen. Dann machte er eine Pause und sah mich an. «Und du? Warum bist du hier?» Ich hatte mir die Frage selbst oft gestellt, aber sie laut zu hören, hier, von einem Mann mit einer rosa Sonnenbrille und einem Krieg im Rücken, war etwas anderes. «Ich... ich will verstehen», sage ich schließlich. «Und ich will, dass die Leute in Deutschland verstehen. Dass sie sehen, was ihr hier durchmacht. Dass es nicht nur Nachrichten sind, sondern... Menschen.»

Oleksandr schweigt einen Moment, dann lehnt er sich zurück. «Verstehen», wiederholte er, als würde er das Wort ausprobieren. «Weißt du, was ich in Deutschland verstanden habe? Dass ihr viele Worte habt. Viele Diskussionen. Aber hier ...» Er deutete auf die Karte auf dem Tisch. «Hier zählen keine Worte. Hier zählen Taten.» Ich schlucke. Seine Worte sind kein Vorwurf, aber sie fühlen sich wie einer an. «Ich weiß», sage ich leise. «Deshalb bin ich hier. Um zu zeigen, was ihr tut. Und warum.»

Er nickt, und für einen Moment ist da etwas in seinem Blick – kein Misstrauen, sondern eine Art Prüfung. Als würde er abschätzen, ob ich wirklich meine, was ich sage. Dann zieht er die Sonnenbrille ab, legt sie auf den Tisch und sieht mich direkt an. «Schreib die Wahrheit», sagt er. «Nicht die schöne. Nicht die bequeme. Die Wahrheit. Dass wir kämpfen, weil wir müssen. Dass wir sterben, damit andere leben können.» Er stockt, sucht nach Worten. Ich nicke, unfähig, etwas zu sagen. Seine Worte hallen in mir nach, schwerer als alles, was ich in Deutschland je gehört habe.

Oleksandr steht auf, setzt die Sonnenbrille wieder auf. «Machs gut», sagt er, und diesmal ist da ein Lächeln, klein, aber echt. «Und komm zurück. Vielleicht schenkst du mir nächstes Mal was Blaues.» Ich lache, ein kurzes, erleichtertes Lachen. «Versprochen.» Wir treten aus der Hütte, die Sonne steht tief, der Staub wirbelt um unsere Füße. Hyäne klopft mir auf die Schulter. «Siehst du? Hat nicht gebissen.»

Ich nicke, aber in meinem Kopf dreht sich alles. Oleksandr, die rosa Sonnenbrille, seine Worte – sie sind mehr als ein Moment. Sie sind eine Erinnerung daran, dass dieser Krieg nicht nur aus Granaten und Panzern besteht, sondern aus Menschen, die trotz allem weiterkämpfen. Und aus kleinen Gesten – wie einer albernen Sonnenbrille –, die in der Hölle des Krieges zu Symbolen werden können. «Komm. Es gibt Mittag», sagt Hyäne.

Wir gehen ein paar Schritte zurück zu einer halb eingestürzten Garage. Neben einem umgestürzten Fass hat er einen improvisierten Kocher aufgebaut – eine Art Bunsenbrenner, über den er einen kleinen Metallständer gelegt hat.

Er zieht zwei in Aluminium verpackte *Halbuzy* aus seinem Rucksack – Kohlrouladen – und legt sie vorsichtig über die Flamme. Als er die Packung öffnet, steigt der Geruch von gebratenem Fett auf. Und etwas Vertrautem. Etwas, das nach Küche riecht. Nach Zuhause, auch wenn man es nicht mehr hat. «Nicht wie zu Hause», sagt er mit einem schiefen Grinsen. «Aber besser als Trockennahrung.»

Ich nehme einen Bissen, kaue langsam – und sofort zieht sich mir der Magen zusammen. Die Wärme, der Geschmack, der Fettfilm auf der Zunge – alles ist zu viel. Übelkeit steigt in mir auf, roh und unvermittelt, als würde mein Körper gegen jede Geste von Normalität protestieren. Nicht hier. Nicht in dieser Umgebung. *An der Front, denke ich, würde ich wohl verrecken.* Trotzdem kaue ich weiter. Langsam, mechanisch. Nur um nicht respektlos zu wirken.

Ich setze mich auf einen Stapel leerer Munitionskisten. Bald kommen zwei weitere Männer dazu – müde Gesichter, die Uniformen von Staub durchtränkt. Einer heißt Oleh, der andere stellt sich nicht vor. Wir essen schweigend, jeder in seinem eigenen Rhythmus. Der Wind pfeift leise durch die Löcher im Blechdach der Scheune. Keiner sagt etwas. Aber niemand ist allein.

Dann kommt ein weiterer Mann dazu. Anfang 30 vielleicht, ein kantiges Gesicht. Er trägt keine Mütze, nur einen alten Kapuzenpulli unter der Weste, und seine Hände sind schwarz vom Schmieröl. Er setzt sich neben mich, mustert mich einen Moment lang. «Du bist also der Deutsche.» Es ist keine Frage. Ich nicke. Er greift nach einem Stück Brot, reißt es auseinander. «Oleksandr», sagt er. Ich reiche ihm die Hand. «Artur.»

Er nickt langsam, als würde er meine Worte abwägen. Dann kaut er eine Weile, bevor er weiterspricht. «Ich war in Cherson. Unter Besatzung. Fast acht Monate.» Ich sehe auf. Seine Stimme ruhig, beinahe gleichgültig – aber hinter den Augen ist etwas anderes. «Am Anfang dachten wir noch: Okay, sie lassen uns wenigstens leben. Keine Kämpfe, keine Bomben. Aber dann… dann begann es. Plünderungen. Festnahmen. Diese… Erziehungsgespräche.» Er starrt auf den Boden, als könne er dort die Bilder sehen.

«Ich war Mechaniker. Die Russen kamen eines Tages in unsere Werkstatt, drei Mann mit Kalaschnikows. Sie wollten, dass ich ihre Fahrzeuge repariere. Sagten: ‹Du bist jetzt unser Techniker.› Ich sagte nein. Zwei Tage später kam ich nicht mehr nach Hause – sie hatten mich mitgenommen. Sechs Stunden, Kapuze überm Kopf, Stromschläge.» Am Feuer: Stille. Hyäne ist inzwischen aufgestanden und zur Seite getreten um zu rauchen. Oleksandr kaut weiter, als müsse er das, was er erzählt, mit jedem Bissen verdauen.

«Weißt du, was das Erniedrigendste war?» Er sieht mich an. «Nicht die Folter. Nicht das Essen. Sondern die ständige Kontrolle. Dein Handy, deine Gespräche, dein Gesichtsausdruck. Du darfst nicht einmal falsch schauen. Einmal hab ich gelächelt, als einer von denen sich den Kopf an der Tür angeschlagen hat. Ich konnte nicht anders – es war absurd. Drei Tage Zelle.»

Er atmet durch die Nase aus, langsam. «Aber das war nicht das Schlimmste.» Er macht eine Pause, nimmt einen letzten Bissen, dann spricht weiter, aber leiser. «In der dritten Woche sollte ein Taxifahrer einen russischen Offizier zur Kaserne bringen. Der war zehn Minuten zu spät – der Wagen war vorher von einem Kontrollpunkt gestoppt worden. Der Offizier hat ihn auf dem Hof aussteigen lassen und ihn dann einfach erschossen. Vor allen. Kein Wort. Kein Befehl. Einfach – bumm.» Sein Finger zuckt, als würde er den Moment nachzeichnen. «Sein Sohn hat das Taxi später abgeholt.» Ich sage nichts. Ich kann nichts sagen.

Ich stellte mir den Jungen vor – vielleicht kaum älter als ich damals, als ich noch glaubte, der Krieg sei ein Randphänomen aus Geschichtsbüchern. Wie er auf den Parkplatz trat, den Schlüssel drehte, und an seinen Vater dachte. Vielleicht hatte er kurz gezögert, vielleicht gar nicht.

In diesem Moment wird mir klar, was ich bis dahin nur begriffen, aber nie wirklich verstanden hatte: Ein Leben unter Okkupation ist kein Leben. Es ist eine bloße Verlängerung des Atems – unter der Bedingung, dass man sich duckt, schweigt, funktioniert. Es ist ein Leben ohne Würde, ohne Verlässlichkeit, ohne Bedeutung. Es ist ein Zustand, in dem selbst die Erinnerung korrumpiert wird, weil die Gegenwart zu schmerzhaft, zu absurd, zu unüberschaubar ist.

Viele im Westen sprechen über Kapitulation, als sei sie eine pragmatische Option. Ein Waffenstillstand, ein Verhandlungsangebot, ein Kompromiss – Worte, die in Talkshows schmeichelnd klingen, aber in Cherson nichts bedeuten. Dort heißt Kapitulation: Du kommst zu spät – und wirst erschossen. Dort heißt Verhandeln: du gibst den letzten Rest Kontrolle ab und nennst es Frieden, obwohl du genau weißt, dass es keiner ist.

Okkupation ist keine bloße politische Realität. Sie ist ein Zustand, in dem selbst die Zeit ihre Richtung verliert. Die Vergangenheit wird umgeschrieben, die Gegenwart zur Farce, und die Zukunft ein Raum, der nur mit Angst gefüllt ist. In solch einer Welt bedeutet Leben: funktionieren. Aber Menschsein bedeutet: widersprechen.

Es ist das Endstadium der totalitären Kontrolle, eine Welt, in der selbst ein Lächeln zur subversiven Handlung wird. Oleksandr hat es erlebt. Ein einziges Lächeln – nicht triumphierend, nicht zynisch, sondern nur ein stiller Ausdruck von Restwürde –, weil ein russischer Soldat sich in Cherson den Kopf an einem niedrigen Türrahmen stieß. Drei Tage Zelle waren die Antwort auf diesen Moment der Selbstbehauptung.

Kapitulieren heißt in einem solchen System nicht einfach: Waffen niederlegen. Es heißt: aufhören, Mensch zu sein. Es bedeutet, die letzte innere Grenze zu überschreiten – nicht, weil man überzeugt wurde, sondern weil man zermürbt wurde. Es bedeutet, sich in eine Existenz zu fügen, die zwar weiteratmet, aber nicht mehr lebt. Eine Existenz, in der der einzige Trost in der Erinnerung liegt – und selbst diese wird korrumpiert, wenn die Gegenwart zu schmerzhaft ist, um noch wahr zu sein.

Ein Leben unter Okkupation ist kein Leben. Es ist das stille Verstummen dessen, was uns ausmacht. Und jede Forderung an die Ukraine, doch bitte zu verhandeln, jetzt, sofort, ohne Bedingungen – ist letztlich eine Forderung, auf genau dieses Menschsein zu verzichten. Während einige den

Kriegsdienst als Ausdruck staatlicher Unterdrückung ablehnen, habe ich in der Ukraine gelernt, dass Nicht-Kämpfen manchmal bedeutet, die Freiheit anderen zu verweigern.

«Wir leben jetzt. Wir sind besser. Wir leben in der besten aller historischen Realitäten», habe ich als junger Mann immer wieder gesagt. Weil ich dachte, Geschichte sei vorbei. Weil ich glaubte, man könne alles relativieren – solange man weit genug weg davon lebt. Heute weiß ich: Es gibt keine bessere Welt ohne diejenigen, die bereit sind, sie gegen das Schlechte zu verteidigen. Mit allem, was es kostet.

Ich sehe Oleksandr an, wie er nun seine Teetasse drehte, als wäre sie das Letzte, woran er sich festhalten kann. Und ich spüre es: Der Krieg, den er führt, ist nicht nur einer gegen die russischen Truppen. Es ist ein Krieg gegen das Vergessen, gegen die Banalisierung des Bösen. Kapitulieren heißt in solchen Momenten nicht: überleben. Es heißt: zustimmen. Zustimmen zur Willkür, zur Gewalt, zur völligen Entwertung des eigenen Lebens. Okkupation bringt keine Ruhe, sie bringt Ordnung ohne Recht, Bewegung ohne Freiheit, Sprache ohne Wahrheit. Es gibt Dinge, die lassen sich nicht verhandeln. Die Würde eines Menschen gehört dazu.

Und während ich da sitze, das Bild dieses toten Taxifahrers vor Augen, begreife ich: Die Wahl, die Oleksandr getroffen hatte – zu kämpfen statt zu kapitulieren – war keine heroische, keine ideologische. Es war die einzig mögliche. Weil alles andere bedeutet hätte, sich selbst zu verlieren. Er sieht mich noch immer an. Und ich verstehe: Er wartet nicht auf Mitleid. Er wartet darauf, dass ich das begreife.

Ich will gerade antworten, da beugt sich ein Funker von der Feuerstelle herüber. Er trägt die Mütze tief im Gesicht, das Funkgerät an der Seite summt leise, empfängt, aber sendet nichts. Er tippt Oleksandr auf die Schulter, sacht, fast respektvoll. «Hast du's schon gehört? Der Dünne, der Große … ist gestern gefallen.»

Oleksandr erstarrt nicht. Er zuckt nicht. Aber seine Hand stoppt mitten in der Bewegung. Die Tasse, aus Emaille, halb voll mit Tee oder Kaffee – niemand weiß das genau –, schwebt für einen Moment über dem Tisch. Dann stellt er sie ab. Der Rand schlägt leicht gegen das Blech, ein leises *klirr*, das viel zu laut klingt in dieser stillen Ecke des Lagers. «Welcher Dünne?» fragt er. Nicht fordernd. Nicht ängstlich. Nur leise. Wie jemand, der hofft, es möge ein anderer sein.

Der Funker antwortet nicht sofort. Er kratzt sich an der Schläfe, zieht kurz am Reißverschluss seiner Jacke, als bräuchte er Bewegung, um überhaupt weitersprechen zu können. Dann sagt er nur:

«Der aus Poltawa. Zwei Meter drei, wie 'n Sonnenblumenstängel.» Hyäne zeichnet mit der Hand eine imaginäre Länge in die Luft, als müsse er beweisen, dass man auch an Absurdität sterben kann. «RPG-Treffer, direkt in die Wanne. Keiner rausgekommen.»

Oleksandr zieht hörbar Luft ein, sagt aber nichts. Nur das leichte Zittern seiner Finger verrät, dass ihn die Nachricht trifft. Das Klappern der Tassen wirkt plötzlich unverhältnismäßig laut. Der Funker redet weiter, als könnte er die Stille nicht ertragen. «Sie haben sofort wieder 'nen Neuen draufgesetzt. Rekrut aus Winnyzja. 22. Hat die Schultern noch nicht breit – aber Augen, als würde er schon alles kennen.» Er schnaubt. «Hat sich direkt auf den Fahrersitz gesetzt, als wär's sein Wohnzimmer.»

Ich sehe vor mir, wie der Panzerdeckel zufällt, wie die

Enge sich um so einen Jungen legt, der vor zwei Wochen vielleicht noch an Mathetests gedacht hat. Und dann sehe ich Oleksandr, der versucht, den Griff seiner Tasse festzuhalten, als könnte er damit etwas im Innern fixieren, das sonst verrutschen würde.

Ich spüre es wieder, klarer denn je: Der Krieg, den er führt, ist nicht nur einer gegen russische Truppen. Es ist ein Krieg gegen das Vergessen, gegen die Banalisierung des Bösen. Kapitulation hieße hier nicht: überleben. Sie hieße: zustimmen – zur Willkür, zur Gewalt, zur völligen Entwertung des eigenen Lebens.

Und während ich das Gesicht des toten Taxifahrers vor Augen habe und an den namenlosen 22-Jährigen denke, begreife ich: Die Wahl, die Oleksandr getroffen hat – zu kämpfen statt zu kapitulieren – ist keine heroische, keine ideologische Entscheidung. Sie ist die einzig mögliche. Alles andere würde bedeuten, sich selbst zu verlieren.

Langsam senkt sich der Abend über das Dorf. Das Licht weich, aber nicht warm. Die Schatten länger, die Stimmen leiser. Irgendwo knarzt eine Tür im Wind, sonst nichts. Hyäne führt mich zu einem Unterstand hinter der Scheune – ein halb ausgehobener Erdschutz mit Wellblech und Sandsäcken wird notdürftig verstärkt.

Innen liegt eine einzelne, fleckige Matratze auf zwei einfachen Holzbalken, daneben ein leerer, zerkratzter Plastikeimer, der mal für Wasser gedacht war, und eine zusammengefaltete Wolldecke, deren Kanten ausgefranst waren. Der Raum riecht nach kaltem Staub und altem Schweiß, als hätte hier schon lange niemand mehr wirklich geschlafen – nur gelegen, gewartet, geschwiegen.

«Kannst hier schlafen, wenn du willst», sagt Hyäne. Seine Stimme ist gedämpft, fast flüsternd, als wolle sie sich dem

Schweigen des Raumes anpassen, ihm keinen Widerstand leisten. Ich nicke, stellte meine Tasche langsam neben die Matratze, so als wolle ich nicht stören.

Es ist ruhig. Zu ruhig. Keine Stimmen mehr von draußen, kein ferngesprochenes Lachen, kein Hundegebell, nicht einmal das Zwitschern der Vögel, das selbst in verlassenen Gegenden sonst irgendwie dazugehört. Diese Stille hat Gewicht. Sie ist nicht friedlich. Sie ist wachsam, gespannt, wie der Moment, bevor ein Gewitter losbricht. Und genau das ist das Beunruhigende.

Ich drehe mich zu Hyäne um, suche in seinem Gesicht nach einem Hinweis, ob er die Spannung auch spürt. Doch er sieht nur an mir vorbei, irgendwo ins Leere, dann auf meine Hände.

«Hast du schon mal eine Waffe in der Hand gehalten?», fragt er plötzlich.

«Nein. Noch nie in meinem Leben», sage ich.

Hyäne nickt. Kein Kommentar, keine Überraschung, nur dieses kurze, nüchterne Nicken, als hätte er es bereits vermutet. Er greift sich eine zerdrückte Zigarettenschachtel aus seiner Jackentasche, zieht eine halbzerbrochene Zigarette hervor, steckt sie sich zwischen die Lippen. Seine Finger zittern leicht, kaum sichtbar.

«Dann wird's Zeit», murmelt er, während er das Feuerzeug anreißt. Ein kurzes Klicken, eine kleine Flamme, die sich spiegelt in seinen müden Augen. Der Rauch steigt langsam auf, kringelt sich zur Decke und verschwindet irgendwo in der Dunkelheit über uns.

Hyäne sagt nichts weiter. Stattdessen dreht er sich um, greift hinter einen Haufen zusammengerollter Planen – und zieht sie hervor: seine Kalaschnikow. Der Körper des Gewehrs schimmert matt im dämmrigen Licht, die Griffschalen abgewetzt, das Schulterstück mit Klebeband umwickelt. Kein Museumsstück, sondern ein Werkzeug, das im Gebrauch war. Und zwar oft. Er lässt sich auf die Matratze sinken, legt die Waffe quer über die Knie. «Komm. Ich zeig dir, wie man damit umgeht.»

Mein Blick bleibt an der Waffe hängen, als würde sie gleich von selbst losgehen. Hyäne schiebt mir das Gewehr langsam zu, hält es aber noch fest. «AK-74 – Einfach zu bedienen, dafür gemacht, dass selbst ein Analphabet sie in fünf Minuten versteht.»

Er beginnt mit den Grundlagen. Zeigt mir den Sicherungshebel auf der rechten Seite – ein langer Blechstreifen mit drei Positionen. «Hier: gesichert. Runter: Dauerfeuer. Mitte: Einzelschuss. Immer oben lassen, wenn du nicht schießt. Verstanden?» Ich nicke. Dann das Magazin. Er klickt es raus, hält es mir hin. Voll – 30 Patronen, schmal, lang, mit spitzem Kupferkopf. «Wenn du nachladen musst: Magazin einhaken, nach hinten schwingen, bis es einrastet. Nicht zu zärtlich. Das Ding ist kein Klavier.»

Er nimmt die Kalaschnikow, zieht den Spannhebel zurück. Das Geräusch ist scharf, metallisch, endgültig. Eine Patrone gleitet in die Kammer.

«Nie den Finger am Abzug, bis du bereit bist. Und wenn du bereit bist, dann zöger nicht.» Dann hält er sie mir hin. Seine Augen prüfen mein Gesicht – suchten nach etwas. Nach Angst? Nach Zweifel?

«Kontakt mit Waffen …» – er spricht leise, fast beiläufig –, «ist bei uns nichts Besonderes. In den Dörfern hatten die meisten Männer irgendwann mal was in der Hand. Ein Jagdgewehr oder irgendwas vom Militär. Die Schwelle ist niedrig. Im Westen», sagt er, «da denkt ihr, das ist ein Bruch mit der Zivilisation.»

Ich nehme die Waffe. Vorsichtig. So, als könnte sie zerbrechen – oder explodieren. Der Körper der Waffe ist kalt. Kälter als ich erwartet hatte, obwohl die Luft im Raum nicht besonders frisch ist. Die Oberfläche fühlt sich rau an, stellenweise glattpoliert vom Gebrauch, an anderen Stellen klebrig von altem Öl.

Sie liegt schwer in meinen Händen, aber nicht unhandlich. Mehr wie ein Werkzeug, das genau weiß, wozu es gebaut wird – und das keine Skrupel kennt. Kein Zögern. Keine Moral. Nur Zweck. Meine Finger umschließen den Griff, finden die Kerben, die andere Hände hinterlassen haben. Ich spüre mein Herz klopfen, in den Handflächen, im Hals, sogar in den Schläfen. Es ist kein Adrenalinschub wie beim Sport. Es ist etwas anderes. Eine Mischung aus Faszination, Unbehagen – und einer seltsamen, stillen Ehrfurcht.

Dieses Ding ist gemacht, um zu töten. Nicht um zu zeigen, nicht um zu warnen. Um zu treffen. Um aufzureißen. Und jetzt halte ich es in der Hand. Ich. Der, der noch vor ein paar Jahren gegen jede Form von Waffen gewesen war. Der Pazifist, der «Verhandeln statt Schießen» gerufen hatte. Jetzt liegt das Gegenteil meiner Überzeugungen in meinem Schoß – und ich sage nichts. Ich lasse es zu.

Der Lauf zeigt in Richtung Boden. Meine Finger liegen gerade an der Seite, so wie Hyäne es gezeigt hat. Ich habe keine Angst, dass sie losgeht. Nicht wirklich. Aber ich habe Angst, was dieses Ding mit mir machen könnte. Nicht physisch. Psychologisch. Moralisch. Als hätte ich mit dem ersten Griff daran eine Tür aufgestoßen, von der ich gehofft hatte, sie nie zu brauchen.

Ich stehe langsam auf, die Kalaschnikow in beiden Händen, unsicher, wie man sie überhaupt richtig hält. Das Ding ist schwer und unhandlich, der Riemen schlackert irgendwie im Weg herum, und ich weiß schon beim Aufstehen: Das sieht nicht gut aus.

Ich versuche, sie an die Schulter zu legen, so wie ich's aus Filmen kannte. Aber der Schaft rutscht mir erst vom Schlüsselbein, dann hängt der Lauf zu hoch, dann wieder zu tief. Mein linker Arm ist irgendwie zu steif, mein rechter zu angespannt. Ich blinzele durchs Visier, aber da ist nichts als ein verschwommener Fleck an der Wand, und selbst der verschwindet, weil ich das Auge falsch zusammenkneife.

Ich richte die Kalaschnikow auf irgendetwas, das wie ein Ziel wirkt – ein alter Eimer oder vielleicht nur ein Schatten – und sage trocken, mehr zu mir selbst als zu Hyäne: «Mir macht das Ding Angst.»

Hyäne zieht an seiner Zigarette und antwortet ruhig, fast beiläufig, ohne jede Häme: «Waffen machen immer Angst.»

Dann sieht er zu mir, sein Blick ein bisschen ernster.

«Wenn sie das nicht tun, hast du ein Problem.»

Ich versuche, das Gewehr wieder von der Schulter zu nehmen, aber der Riemen hat sich um meinen Unterarm gewickelt, und als ich ihn lösen will, stoße ich fast den leeren Wassereimer um. Es klappert, die Kalaschnikow neigt sich gefährlich zur Seite. «Scheiße», murmele ich, fast lachend, halb wütend.

Hyäne grinst, sagte aber nichts. Stattdessen nimmt er mir das Gewehr einfach ab, prüft kurz, ob die Sicherung drin ist, und legt sie neben sich.

«Fangen alle so an», meint er. «Wenn du sie irgendwann blind laden kannst, ohne hinzusehen, dann darfst du dir Sorgen machen.»

Ich setze mich auf die Matratze, die Kalaschnikow zurück in seinen Händen. Mein Hemd klebt leicht am Rücken, ich spüre den Schweiß unter den Achseln. Dann sagt er fast schon beiläufig, während er das Gewehr wieder sichert: «Aus dir wird wohl kein Soldat.»

Ich will etwas erwidern, einen sarkastischen Spruch vielleicht, irgendetwas, das meine Würde rettete. Aber bevor ich den Mund öffnen kann, fügt er hinzu – diesmal mit einem Ton, der fast tröstlich klingt: «Aber das sind die meisten nicht.»

Er zieht noch einmal an seiner Zigarette, bläst den Rauch zur Decke und sieht mich dann an, ruhig, abwägend.

«Die, die sich anstellen wie Helden, sind oft die ersten, die scheitern. Die anderen… die machen einfach weiter.»

Ich sage nichts. Statt mich hinzulegen, bleibe ich noch eine Weile sitzen, dann hocke ich mich an den Rand des Unterstands und blicke hinaus über das Gelände. Alles liegt wie eingefroren. Kein Wind, kein Laut, nicht einmal ein Vogelruf, der sonst irgendwo zwischen Baum und Himmel hängt. Mein Herz schlägt schnell, als würde es selbst spüren, dass etwas nicht stimmt. Ich denke an die Drohnen – diese kleinen, summenden Augen des Todes, die kommen, wenn man die Ruhe falsch versteht.

Angst. Nicht laut, nicht panisch – sondern diese kalte, konzentrierte Angst, die den Atem verflacht und jedes Knacken im Gebälk wie ein Warnsignal klingen lässt. Ich zwinge mich zur Ruhe, atme flach durch die Nase. Vielleicht, denke ich, ist genau das die Definition von Frontnähe: Man schläft dort, wo die Vögel schweigen.

Berlin, Jahr 2033 der Okkupation.

Die Friedrichstraße ist still – ein Grab aus Asphalt und Beton. Straßenlaternen werfen fahles Licht auf die blassen Fassaden, an denen Plakate in kyrillischer Schrift kleben, hastig über Nacht angebracht: «Тишина. Порядок. Сотру-

дничество – Ruhe. Ordnung. Zusammenarbeit.» Der Wind trägt den Geruch von Diesel, nassem Beton und verbranntem Gummi herüber. Mitten auf der Kreuzung, dort wo früher die U-Bahn-Ausgänge waren, hebt ein Bagger ein Loch aus. Die Baggerschaufel frisst sich stoßweise in den Boden, Asphalt splittert, armiertes Gitter knirscht.

Zwei Männer in dunklen Uniformen stehen daneben, wortlos, mit aufgesetzten Stirnlampen. Ein dritter Mann schiebt einen schwarzen Leichensack auf einer Trage heran. Kein Aufschrei, kein Protest – nur das heisere Rattern der Maschine und das dumpfe Klacken, wenn Gestein auf Stahl trifft. Ein Kind steht am Rand der Absperrung, starrt auf das entstehende Loch. Es fragt nicht. In einem Fenster im dritten Stock flackert kurz eine Taschenlampe – zweimal kurz, einmal lang. Dann wird es wieder dunkel.

An der Ecke zur Reinhardtstraße steht ein T-72, olivgrün, Kreidezeichen auf der Haube – ein Relikt aus sowjetischen Zeiten, das hier, mitten in meiner Stadt, wie eine Verhöhnung wirkt. Dahinter ein Checkpoint: Sandsäcke, Betonblöcke, rot-weiße Plastikabsperrungen, die im Wind flattern. Zwei Soldaten in Sturmhauben rauchen. Einer trägt eine Kalaschnikow über der Brust, der andere scrollt durch einen Telegram-Stream, sein Gesicht vom kalten Licht des Handys erleuchtet. Andere russische Soldaten verteilen russische SIM-Karten – zur Kontrolle, zur Einschüchterung, zur Anpassung.

Ein alter Mann mit Rollator schlurft vorbei, seine Hände zittern. Er bleibt stehen, starrt die Soldaten an. «Ich bin hier geboren», sagt er, seine Stimme brüchig wie die Stadt. Der eine Soldat blickt auf, versteht ihn nicht. Der andere, mit gebrochenem Deutsch, knurrt: «Weitergehen, Opa.» Der Mann senkt den Kopf, seine Schuhe schaben über den

Asphalt, als er sich entfernt. Ich stehe im Schatten eines Café-Eingangs, die Kapuze tief ins Gesicht gezogen, und spüre, wie sich meine Fäuste ballen. Die Bundeswehr hat verloren. Nicht in einer Schlacht, sondern in einem schleichenden Kollaps.

Zu wenige Soldaten, zu wenig Munition, Panzer, die in Depots rosteten, weil Ersatzteile fehlten. Die «Zeitenwende», von der alle sprachen, war ein leeres Versprechen – Reden statt Raketen, Bürokratie statt Bataillone. Ich denke an die Schlagzeilen von 2024: «Bundeswehr nicht kriegstüchtig», «Rekrutenmangel verschärft sich.» Damals lachten wir über die kaputten Gewehre und die fehlenden Drohnen.

Jetzt lachen wir nicht mehr. Viele Städte wurden in Grund und Boden gebombt, so wie es die russische Propaganda seit Jahren angekündigt hatte – «Berlin wird brennen wie Mariupol», hatten sie geschrieben, zuerst in Telegram-Kanälen, dann in offiziellen Verlautbarungen. Niemand glaubte es. Jetzt ist es Wirklichkeit.

Die USA, auf die wir hofften, blieben fern – gefangen in ihren eigenen Krisen, Wahlen, Isolationismus. Keine F-35-Jets, keine Truppen aus Ramstein. «Europa muss allein stehen», sagte ein Senator in Washington, bevor die Sender verstummten.

In einer Altbauwohnung in Neukölln sitzt eine junge Frau am Fenster, die Vorhänge halb zugezogen. Ihr Handy leuchtet in der Dunkelheit. «VPN geht wieder», tippt sie in eine verschlüsselte Nachricht. «Ich lade hoch, was ich heute gesehen habe.» Sie war in Lichtenberg, als ein Protest mit Tränengas aufgelöst und später niedergeschossen wurde. Schreie hallten durch die Straßen, ein Junge mit zerschlagenem Gesicht wurde in einen Transporter gezerrt. Sie weiß, dass sie überwacht wird. Dass sie längst auf einer Liste steht.

Der Koffer neben der Tür bleibt unausgepackt – denn es gibt keine Flucht. Die Grenzen sind dicht, der Flughafen besetzt, die letzten Züge fuhren vor Wochen. Sie werden sie bald holen kommen.

Vielleicht gäbe es einen Weg nach Australien oder Neuseeland, irgendwohin ans andere Ende der Welt, wo noch kein Soldat steht und keine Drohne kreist. Aber hinkommen ist unmöglich, und niemand weiß, wie lange sich diese Staaten dem wachsenden Druck Chinas widersetzen könne.

Die «Festung Europa», einst Symbol für Abschottung nach außen, ist zu einem Gefängnis nach innen geworden. Die Clubs sind geschlossen, das Nachtleben erstickt. LGBTQ-Personen, die gegen die «traditionellen Werte» verstoßen, wurden längst interniert oder sind auf der Flucht – gejagt, verleumdet, aus der Öffentlichkeit gelöscht. Wer noch da ist, bleibt – nicht aus Mut, sondern weil es keinen Ausweg mehr gibt.

Am Alexanderplatz rollt ein Lautsprecherwagen vorbei, die blecherne Stimme hallt durch die leeren Straßen: «Die öffentliche Sicherheit ist gewährleistet. Bleiben Sie in Ihren Häusern. Jegliche Demonstration ist verboten.» Die Worte klingen wie ein Echo aus Cherson oder Mariupol. Die Kuppel des Berliner Ensembles liegt in Trümmern. Zwischen den verkohlten Balken des Zuschauerraums weht ein roter Schal. Er gehörte einem Kind, das hier am Morgen gestanden hatte. Vor dem Theater stand: «Kinder».

Es war trotzdem ein Ziel. Drei Marschflugkörper – angeblich «präzise». Angeblich gegen «militärische Infrastruktur». Was blieb, war ein Krater in der Mitte der Bühne, auf der einst Brecht gespielt wurde. Die hölzernen Sitzreihen verbrannt, der eiserne Vorhang zerschmolzen. Der Geruch von Rauch, Gips, Blut.

Ein Mann mittleren Alters steht am gegenüberliegenden Spreeufer, hinter ihm das gespenstisch leere Regierungsviertel. Er trägt einen alten Rucksack und zittert leicht. Vielleicht vor Kälte. Vielleicht vor Wut. «Sie haben unser Theater bombardiert», sagt er leise, ins Nichts. «Unser verdammtes Theater.»

Am Alexanderplatz rollt zur gleichen Zeit der Lautsprecherwagen vorbei. Die Reifen knirschen auf geborstenen Pflastersteinen. «Die öffentliche Sicherheit ist gewährleistet. Bleiben Sie in Ihren Häusern. Jegliche Demonstration ist verboten», knarzt es wieder aus den Lautsprechern. Zwei Frauen in Regenmänteln bleiben kurz stehen, sehen sich an, sagen nichts. Dann gehen sie weiter – nicht zu schnell, nicht zu langsam. Unsichtbar zu sein ist überlebenswichtig geworden.

Ein paar Straßen weiter hängt noch ein zerrissenes Plakat mit der Aufschrift «Nie wieder ist jetzt.» Jemand hat darunter mit schwarzem Filzstift geschrieben: «Jetzt ist wieder.»

Ich gehe zum Zeitungskiosk an der Ecke, mehr aus Gewohnheit als aus Hoffnung. Die Auslagen sind leergeräumt, nur die Ausgabe der jungen Welt liegt noch da, ordentlich gestapelt, als hätte niemand sie angerührt. Auf der Titelseite ein roter Stern und der Slogan: «Mit Russland in eine strahlende Zukunft.» Darunter ein Kommentar zur «notwendigen Befreiung Europas vom US-Imperialismus».

Man hört Gerüchte. Von Filtrationslagern in der Eifel, in alten Kasernen bei Ingolstadt, in aufgegebenen Logistikzentren an der Grenze zu Polen. Menschen verschwinden – nachts, bei Razzien, ohne offizielle Mitteilung. Wer einmal dort landet, kommt selten zurück. Die Behörden schweigen. Die neuen Behörden.

Manche sagen, es ginge nur um Registrierung, andere flüstern von Verhören, Listen, systematischer Umerziehung. Wieder andere behaupten, man müsse nur einmal «falsch» auf Social Media gepostet haben – oder mit dem falschen Namen geboren.

Ich gehe über die Karl-Marx-Allee, vorbei an den eingerissenen Fassaden der Nachkriegsmoderne. Die Fenster leer wie Augenhöhlen. In den Eingängen stehen verlassene Einkaufswagen, verbrannte Matratzen, Reste von Leben, das zu schnell fliehen musste. Dort, wo früher Cafés waren, kleben jetzt Plakate mit Gesichtern: «Gesucht wegen Aufwiegelung». Schwarz-weiß, unscharf, billig gedruckt. Stimmen aus Podcasts, Texte aus Newslettern, die irgendwann verstummten. Jetzt stehen sie hier – als Warnung.

Im U-Bahnhof ist es feucht, der Putz blättert von den Wänden. Der Aufzug funktioniert nicht mehr, die Rolltreppe steht still, voller Laub und Müll. Kein Licht. Nur das grüne Flackern eines Notausgangszeichens, das zuckt wie ein müder Puls. Ich taste mich vorsichtig an den Kacheln entlang, höre irgendwo Schritte, dann Stille. Eine Frau hockt in der Ecke der Zwischenebene, die Kapuze tief ins Gesicht gezogen. Sie hält ein Kleinkind im Arm. Es schläft, oder tut so. Es ist der Geruch, der zuerst auffällt: kalter Urin, Schweiß, Angst.

Auf den Bahnsteigen patrouillieren Soldaten. Die Menschen weichen ihnen aus. Nicht aus Höflichkeit. Aus Instinkt. Oben an der Treppe steht ein Scanner. Früher war das ein Werbescreen für Netflix. Jetzt erkennt er Gesichter. Wer auf der Liste steht, wird nicht mehr gesehen. Oder nie wieder. Es gibt keine offiziellen Festnahmen mehr, keine Protokolle. Nur Verschwinden. Die SIM-Karten sind russisch. Alle. Wer sie nicht aktiviert, verliert Zugang zum Strom-

kontingent. Oder zur Gaszuteilung. Oder zum Essensverteiler. Offiziell freiwillig – inoffiziell lebensnotwendig.

«Warum hast du deine Karte noch nicht registriert?» Diese Frage genügt. Man hört sie im Flur. Im Treppenhaus. Von Nachbarn, die nicht mehr grüßen. Es braucht keine Uniformen mehr, keine Panzer. Nur Menschen, die schweigen. Und Menschen, die melden.

Die sogenannte «Kooperationsbehörde» hat ihr Büro im ehemaligen Bürgeramt Mitte. In Zimmer 105 sitzt jetzt ein junger Mann aus Moskau, mit perfektem Deutsch und akzentfreiem Lächeln. «Wir wollen mit Ihnen reden. Nur reden.» Wer dort hingeht, kommt selten zurück mit dem, womit er kam: einer Arbeit, einer Wohnung, einer Familie. An der Wand der U-Bahn hängt Plakat der neuen Regierung. Notdürftig aus den Symbolen von AfD und BSW zusammengestellt.

Die neue Regierung nennt sich Interimsrat zur Stabilisierung föderaler Zonen – ein Titel, der klingt wie aus einem Verwaltungsakt gefallen. Aber die Menschen sagen nur noch: Der Rat. Wer «Regierung» sagt, wird sofort korrigiert. Auch Sprache ist jetzt Gehorsam.

Angeführt wird der Rat von einem ehemaligen Europaabgeordneten der AfD, der früher gegen «Genderwahn» und «Klima-Kommunismus» wetterte und heute in maßgeschneiderten Anzügen von «Wertbewahrung durch geopolitische Realität» spricht. An seiner Seite: ehemalige Sprecherinnen der BSW, einst Anti-NATO, jetzt «verantwortungsbewusste Vermittler zwischen Interessenräumen». Man nennt es Souveränität. Gemeint ist: Kapitulation mit Haltung.

Auch ein paar Intellektuelle haben sich dem Rat angeschlossen. Männer mit grauen Haaren, die früher Kolumnen über das Verhältnis von Westen und Osten schrieben – klug, abwägend, weichgespült. Jetzt entwerfen sie «verfassungsergänzende Narrative», die erklären sollen, warum Demokratie vielleicht überbewertet war, warum Neutralität Verantwortung bedeute, warum Kooperation mit Russland keine Schwäche, sondern Realismus sei.

In den Medien wird das neue Personal gefeiert als «pragmatisch», «dialogfähig», «entideologisiert». Viele von ihnen waren früher Gäste in Talkshows, bei Lanz, Maischberger, Will. Heute moderieren sie selbst – auf «Dialog TV», dem neuen staatlich lizenzierten Nachrichtenkanal. Statt Streit gibt es Konsensgespräche. Statt Kritik: «konstruktive Einordnung». Die Studiodekoration ist in Sandfarben gehalten, beruhigend, abwaschbar.

Einmal pro Woche tritt der Ratsvorsitzende vor die Kameras, in einer Mischung aus Regierungsansprache und Psychotherapie. Er spricht von «kultureller Versöhnung», von «individuellen Zukunftsperspektiven im Rahmen der föderalen Sicherheitsordnung». Kein Wort über verschleppte Journalisten. Kein Wort über die Deportationen nach Osten. Kein Wort über die toten Kinder vor dem Berliner Ensemble. «Es braucht jetzt Ruhe», sagt er. «Und Ordnung. Und Vertrauen.» Niemand klatscht. Aber alle sehen zu.

Die Opposition? Sie existiert offiziell – als «pluralistische Rückbindung». Ein eigens eingerichteter Bürgerrat diskutiert regelmäßig über Themen wie «Sinn und Struktur von Gemeinschaftsgartenprojekten» oder «Resilienz durch historische Narrative». Aufzeichnungen werden hochgeladen – mit Zeitverzögerung und Schnitt. Die Ergebnisse landen in einem Archiv, das niemand mehr öffnet.

Diejenigen, die früher gegen die AfD demonstriert haben, sitzen jetzt in den unteren Rängen der Verwaltung, entpoli-

tisiert, desillusioniert, müde. Man hat ihnen Jobs angeboten: «Entscheidet euch: Verwaltung oder Relevanzverlust.» Viele haben sich entschieden. Für Heizung, Internet, eine gewisse Stabilität. Die Reste der Linken schreiben Mails an Amnesty – auf russischen SIM-Karten.

Ich drehe mich um und verlasse die U-Bahn-Station. Die Luft draußen ist schneidend kalt, riecht nach feuchtem Beton und abgebranntem Plastik. Ich ziehe die Kapuze tiefer ins Gesicht. Dann – ein Kreischen. Reifen quietschen, schlittern über nassen Asphalt. Ein dumpfer Schlag. Metall auf Metall, dann das harte Klirren von Glas.

Ich zucke zusammen, drehe mich um. Zwei Soldaten in Tarnuniform stehen an einem gelben Taxi. Der Fahrer – Mitte fünfzig, dunkler Bart, Brille – wird grob aus dem Wagen gezerrt. Seine Mütze fällt zu Boden, rollt langsam zur Bordsteinkante. Er hebt die Hände, ruft auf Deutsch:

«Ich hab doch nur… ich hab nur gehalten, verdammt!» Aber niemand hört zu.

Die Soldaten schreien zurück. Russisch. Hart, keifend, Befehlssätze. Sie stoßen ihn zu Boden. Sein Rücken knallt auf die regennasse Straße, seine Arme rudern haltlos. Er ruft noch einmal – nicht laut, eher flehend. Dann der erste Tritt. In die Rippen. Der zweite trifft die Schulter. Der dritte den Kopf.

Ich bleibe stehen. Ich höre das Fleisch auf Leder schlagen. Das dumpfe Geräusch, wenn ein Körper aufgibt. Der Mann windet sich, hebt den Arm zum Schutz. Da zieht einer der beiden die Pistole. Ganz ruhig. Ganz technisch. Zwei Schüsse. Knapp, gezielt. Brust. Brust.

Der Körper zuckt kurz, dann fällt er zusammen wie ein nasser Sack. Die Brille springt in zwei Teile, ein Glas zerbirst auf dem Pflaster. Eine Pfütze schwappt unter ihm hervor –

nicht sofort rot, erst dunkel, fast schwarz. Niemand greift ein. Niemand schreit. Ein Mann auf dem Bürgersteig sieht kurz hin, dann weg. Eine Frau zieht ihr Kind zur Seite, schnell, mechanisch, als hätte sie etwas Rutschiges gesehen. Die meisten tun, als sei da nichts. Als wäre es nur ein Schatten. Eine Unregelmäßigkeit im Straßenbild.

Ich stehe noch immer da. Die Zeitung, die ich kurz zuvor geholt habe, raschelt in meiner Hand. Auf der Rückseite ein Interview mit dem Ratsvorsitzenden: «Berlin auf dem Weg der Stabilität.»

Ich kann den Blick nicht lösen. Es fühlt sich nicht an wie ein Film, nicht wie ein Albtraum. Es fühlt sich … langsam an. Real. Schwer. Das hier ist keine Zukunftsvision. Das hier ist ein Grab. In Echtzeit. Ein Drohnenfahrzeug ist an mir vorbeigerollt. Klein, auf Ketten, mit Kameraauge, wie ein Spielzeugpanzer. Es surrt weiter Richtung Tatort, scannt das Gesicht des Toten, nimmt die Umgebung auf. Dann bleibt es stehen. Wartend. Als hätte es Fragen. Dann ein Ruck. Etwas zischt. Ein Fauchen in der Luft – wie ein sich aufladender Draht. Ich spüre Hitze an meiner Wange. Ganz nah. Jemand stößt mich. Ich taumle einen Schritt zurück.

Ich reiße die Augen auf – das helle Zischen eines Gasbrenners, ganz nah. Hyäne kocht Tee. Der Traum hängt noch an mir. Ich liege unter der Decke, die nach Erde riecht. Ich klaube meine Sachen zusammen, klopfe den Staub von der Jacke und trete ins fahle Morgenlicht.

Kurz darauf rollt ein staubiger Pick-up auf den Hof. Am Steuer sitzt jemand, den ich sofort erkannte – Spitzname «Turbo», ein Richtschütze aus der damaligen Leopard-1-Ausbildung. Er trägt noch immer dieselbe Sonnenbrille mit verspiegelten Gläsern, obwohl der Himmel bedeckt ist, und grinst, als hätte er gerade eine geheime Mission hinter sich. «Steig ein! Ich hab drei Tage frei – und du siehst aus, als bräuchtest du dringend eine Therapie.»

Ich zögere keine Sekunde. Noch während ich meine Tasche aus dem Unterstand ziehe, spürte ich, wie sich etwas in mir lockerte. Der Druck in der Brust lässt nach, die Enge im Kopf weicht einem ersten Hauch von Erleichterung. Ich bin so glücklich, diesen Ort verlassen zu können – diesen feuchten, stillen Unterstand, die schweigenden Bäume, diese Panzer, das gespannte Warten auf etwas, das vielleicht nie kommt. Ich bin nicht stolz darauf. Es fühlt sich nicht heldenhaft an. Aber echt. Wie ein Reflex. Weg von hier. Weg von der Gefahr. Weg von der Kälte, der unbequemen Matratze, dem Geruch nach Angst, Metall und feuchtem Stoff.

Und während ich gehe, wird mir klar: Genau das unterscheidet mich von den anderen.

Ich kann weg.

Sie nicht.

Sie bleiben. Weil sie müssen. Weil sie keine andere Wahl haben. Weil sie vielleicht gezwungen sind zu bleiben. Weil ihre Familien drei Orte weiter wohnen. Weil ihr Haus schon einmal besetzt war. Weil es keine zweite Staatsbürgerschaft gibt, kein Rückflugticket. Ich gehe, und das ist mein Privileg. Ich kann fliehen, ohne es so nennen zu müssen. Ich kann später sagen, dass es Recherche war, oder Reflexion, oder Gesundheit. Sie sagen nichts. Sie bleiben einfach.

Ich werfe die Tasche auf die Rückbank, steige ein, schlage die Tür zu. Turbo dreht das Radio auf – irgendein übersteuerter Popsong mit verzerrtem Bass – und legt den Rückwärtsgang ein.

Die Straßen kaputt, die Landschaft leer, Gespräche kamen nur in Wellen. Manchmal fahren wir minutenlang schweigend, dann wieder lachen wir über alte Geschichten aus der Ausbildung: über den Ausbilder mit dem Alkohol-Fahne, über einen Dolmetscher, der ständig das Wort «Feuer frei» mit «Herzlich willkommen» verwechselt.

In Isjum angekommen, bleibe ich an etwas ähnlichem wie einem Busbahnhof hängen – ich solle später eine Mitfahrgelegenheit aus Pokrowsk nach Charkiw nehmen. Turbo will noch nicht fahren. «Ich kenn da was», sagt er und zieht mich mit in ein Bistro.

Ich weiß, dass ganz in der Nähe nach der Befreiung ein Massengrab entdeckt worden war. Über 400 Tote. Männer, Frauen, Kinder. Und ich frage mich: Was bedeutet Wehrhaftigkeit an einem Ort wie diesem? Bedeutet sie, eine Waffe in die Hand zu nehmen – oder beginnt sie viel früher, viel leiser? Vielleicht mit dem einfachen Satz: «Das hier darf nicht geschehen.» Vielleicht mit der Entscheidung, nicht zu fliehen, nicht wegzusehen, nicht zu vergessen.

Denn was passiert, wenn man sich nicht wehrt? Nicht nur im militärischen Sinn, sondern auch innerlich, gesellschaftlich, sprachlich? Dann wird aus einer Stadt wie Isjum ein Ort, an dem die Geschichte nicht mehr aufgeschrieben wird, sondern vergraben. Dann wird aus einem Menschen ein Leichnam mit Nummer. Aus Identität ein Schutthaufen.

Okkupation ist nicht nur ein Zustand. Sie ist ein Prozess der Zersetzung. Sie beginnt mit Angst, setzt sich fort mit Anpassung, endet im Verschwinden. Nicht nur von Menschen, sondern von Bedeutung. Frieden ist keine Naturgewalt. Er braucht Menschen, die sich gegen die Gewalt stellen. Und wenn niemand bleibt, der das tut – dann wächst der Wald über die Massengräber, dann wird auch der Name «Isjum» irgendwann wieder still.

Die Bedienung, eine Frau mit türkisblauem Lidschatten

und dem Charme einer resignierten Zigarettenverkäuferin, fragt ohne eine Miene zu verziehen: «Was darf's sein?» Turbo grinst breit: «Zwei mal Sex on the Beach. Jeweils einen Liter.» Ich starre ihn an. «Du weißt, dass das ein Cocktail ist, oder?» «Ich hab drei Tage frei. Und du hast eine Nacht bei uns übernachtet. Das schreit nach Alkohol mit Pfirsichgeschmack.»

Die Frau sagt nichts. Sie dreht sich um, verschwindet, und zehn Minuten später kommen zwei Flaschen auf den Tisch – randvoll, leuchtend orange. Wir prosten uns zu, mitten im Kreisgebiet von Isjum, während draußen ein Lada mit rostigen Türen hupend im Kreis fährt. Turbo nippt, schnalzt mit der Zunge. «Schmeckt wie Urlaub.» Ich trinke.

Es ist süß, stark, absurd. Und irgendwie genau richtig. Wir trinken beide unsere Literbecher leer, als wäre es die normalste Sache der Welt – ein Leopard-Richtschütze, ein deutscher Journalist, und zwei Liter billiger Sex on the Beach in einem Kriegsgebiet. Irgendwann kommt die SMS: Die Mitfahrgelegenheit steht bereit. Ich verabschiede mich von Turbo, der bereits die zweite Runde bestellte. «Sag in Kyjiw, der Krieg braucht mehr Barkeeper», ruft er mir hinterher. «Und bring beim nächsten Mal Tequila mit!»

Ich steige ein, der Geschmack von Pfirsich und Wodka noch auf der Zunge, und denke: Es sind genau diese absurden Szenen, die bleiben. Zwischen Drohnenangst und Frontlärm – ein Liter Cocktail in einem kaputten Bistro, der für einen Moment den Krieg vergessen lässt.

Wehrhaftigkeit beginnt vielleicht nicht mit Waffen. Vielleicht beginnt sie mit dem Entschluss, nicht verrückt zu werden. Sich nicht völlig zersetzen zu lassen von dem, was passiert. Einen absurden Cocktail zu trinken, weil man noch kann. Lachen, weil man noch einen Mund hat. Und am nächsten Tag wieder weiterfahren. Nicht als Geste. Nicht als Haltung. Sondern einfach, weil Aufgeben keine Option ist. Und manchmal, wenn ich daran denke, wie wir da saßen – und diese schrecklich süße Flüssigkeit gesoffen haben –, dann glaube ich: Auch das ist eine Form von Widerstand. Eine, die nicht laut ist. Aber sie bleibt.

Ich setze mich in den Transporter nach Charkiw. Die Tür schließt sich mit einem dumpfen Rumms. Der Motor läuft schon, ein trockenes Brummen, das durch die Sitzreihen vibriert. Drinnen ist es eng, stickig, der Geruch von Schweiß, nassen Jacken und Angst hängt in der Luft wie alter Rauch. Keiner spricht.

Nur das Knacken des Funkgeräts vom Fahrer, irgendwo vorne. Neben mir eine Frau mit eingefallenem Gesicht, ihre Hände umklammern eine Plastiktüte mit einem Kinderpullover darin, als wäre es das Letzte, was ihr geblieben ist. Gegenüber ein alter Mann, der stoisch aus dem Fenster blickt, die Lippen bläulich. Alle sehen müde aus. Müder als man es nach einem Tag sein dürfte. Müder als ein Körper sein sollte, der noch lebt. Und ich? Ich sitze da mit meinem Rucksack, den geladenen Akkus und dem immer noch süßen Nachgeschmack von Sex on the Beach im Hals – und frage mich, ob ich hier überhaupt sitzen darf.

Ich habe niemanden verloren. Ich habe keinen Keller gesehen, der zerbombt wurde, während ich darin lag. Ich habe keine Taschen gepackt im Luftalarm, kein Kind fest an mich gedrückt, während die Fenster splittern. Ich war nicht in Pokrowsk. Nicht wirklich. Ich sehe die Frau an, den Pullover in ihren Händen. Wie sie ihn streicht, glatt und sanft, als wäre darin noch Wärme gespeichert. Ich habe das Gefühl, ich hätte ihr einen Platz gestohlen. Irgendjemandem.

Jemandem, der hier hätte sitzen sollen. Jemandem, der wirklich flieht, nicht bloß beobachtet.

Draußen zieht das Land vorbei. Schwarz, grau, zerschossen. Die Straße holpert. Ein Mann hustet. Niemand sieht mich an.

8.
Wofür würdest du kämpfen?

Die Zugfahrt nach Kyjiw ist ein Rausch aus Geräuschen: das Rattern der Schienen, das Krächzen des Lautsprechers, das Murmeln der Passagiere. Ich sitze am Fenster, die Landschaft draußen, ein verschwommener Streifen aus grauem Himmel und leeren Feldern. Isjum hinter mir, Hyänes Worte noch in meinen Ohren: «Ich bin einfach jemand, der nicht wollte, dass andere für ihn sterben.» Ich sitze da, den Stift in der Hand, doch die Seiten blieben stur weiß. Der Zug bremst, ruckt, kommt an einem kleinen Bahnhof zum Stehen. Ein Betonperron, ein rostiges Schild ohne Buchstaben, nur Wind und verwaschene Reklamen an der Wand.

Durch das angelaufene Fenster sehe ich ihn: einen Soldaten in ausgebleichter Uniform, Rucksack über einer Schulter, das Gewehr in einer zerschrammten Hartschale quer auf dem Rücken. Neben ihm seine Frau, eine schmale Gestalt im hellen Mantel und ein Mädchen von vielleicht sechs Jahren. Die Kleine hält ein Stofftier.

Der Soldat beugt sich hinunter, sagt etwas zu seiner Tochter. Sie nickt ernsthaft, als hätte sie verstanden, worum es geht. Dann klammert sie sich um seinen Hals, so fest, als würde sich Krieg durch Umarmung aufhalten. Die Mutter steht einen halben Schritt zurück, presst die Lippen aufeinander, bis sie farblos werden.

Eine Durchsage knistert, dann Pfeifen, der Zug beginnt wieder zu schnaufen. Der Soldat löst vorsichtig die Arme des Mädchens, streicht ihr über das Haar. Dann küsst er seine Frau – kurz, fast hastig – und tritt einen Schritt zurück. In exakt diesem Moment setzt sich unser Waggon in Bewegung. Die Szene gleitet am Fenster vorbei wie ein Standbild, das jemand langsam zur Seite schiebt: erst die Gesichter, dann nur noch Silhouetten, zuletzt ein leerer Bahnsteig.

Ich sehe ihnen nach, bis nur noch der leere Bahnsteig blieb. So sieht es also aus, wenn Menschen ihre Welt zusammenfalten und jemandem in die Hand drücken, der vielleicht nicht zurückkommt. Keine Geste für Kameras. Keine Flagge, kein Marschmusikmoment. Stille. Und gerade darin liegt die Gewalt dieser Szene: in der Normalität des Unfassbaren.

In Deutschland reden wir viel von Resilienz, von psychischer Gesundheit, von «Work-Life-Balance». Aber was ist mit dem Gleichgewicht in einem Leben, in dem man seiner Tochter erklären muss, warum man jetzt weggeht – mit Helm und Waffe – und nicht weiß, ob man sie je wieder sieht?

Was bedeutet Wehrhaftigkeit in einem Land, das keinen Tag ohne Sirenen kennt? Vielleicht genau das: nicht die Bereitschaft, zu kämpfen, sondern die Fähigkeit, sich verabschieden zu können – und dabei nicht zu zerbrechen. Nicht aufzugeben. Auch wenn es dafür keine Garantie gibt.

In solchen Momenten wird klar, wie falsch unsere Vorstellung von Frieden oft ist. Wir verwechseln ihn mit Ruhe. Mit Komfort. Mit der Abwesenheit von Störung. Aber echter Frieden zeigt sich nicht in stillen Wohnungen mit gutem Kaffee, sondern in der Stärke, nicht zu verzweifeln, wenn man alles verliert – und trotzdem geht. Der Soldat auf dem Bahnsteig war nicht heldenhaft im klassischen Sinn. Er war müde. Er trug keinen heroischen Blick, sondern die Verantwortung für zwei Gesichter, die er zurückließ. Manchmal ist Wehrhaftigkeit kein Kampfruf, sondern ein stilles:

Ich geh trotzdem.

Der Zug rollt weiter, durch ein Land, das gelernt hat, dass Aufbruch selten etwas mit Hoffnung zu tun hat – und oft alles mit Notwendigkeit.

Als wir in Kyjiw einliefen, habe ich die Szene vom Bahnsteig noch immer vor Augen. Aber die ukrainische Hauptstadt lässt keine Zeit für Rückblenden. Sie empfängt mich mit einer seltsamen Mischung aus Leben und latentem Misstrauen. Die Straßen sind voll, die Cafés brummen, als wäre alles fast normal. Doch überall sitzen Soldaten mit müden Augen auf Parkbänken und in der Ferne heult eine Sirene.

Ich habe Dmytro und seine Partnerin Olena 2023 in einer Bar in Kyjiw kennengelernt. Damals versuchte ich, mit ihm Englisch zu sprechen, doch er winkte ab – er sprach kein Englisch. Stattdessen bot er mir sofort Russisch an, während Olena mit mir auf Ukrainisch sprach. Es war ein kleiner Moment, aber er erzählte viel: über Nähe und Distanz, über Sprachgrenzen im Krieg – und darüber, wie brüchig Identität sein kann, wenn alles um einen herum in Bewegung ist.

Wir treffen uns vor dem Wohnblock. Dmytro steht unten auf der Treppe, raucht. Olena winkt mir aus dem Fenster im fünften Stock, dann verschwindet sie wieder.

«Komm, wir holen was», sagt er, ohne große Begrüßung. Wir laufen zum nächsten Kiosk, der wie immer geöffnet war, egal ob Fliegeralarm oder Feiertag. Drinnen riecht es nach Gummi und Essig, hinter dem Glas saß eine Frau, die aussieht, als hätte sie seit der Sowjetzeit nichts mehr überrascht. Wir kaufen zwei Flaschen Horilka, eine Packung Pilmeni und etwas Wurst – gepresst, salzig.

Zurück vor dem Haus rauchen wir noch eine Zigarette. Dann steigen wir die fünf Stockwerke hinauf, vorbei an grauen Wänden, vergilbten Werbezetteln. Die Tür quietscht. Olena hat schon Wasser aufgesetzt. Wir setzen uns. Dmytro stellt die Flaschen auf den Tisch, Olena schneidet eine Wurst. Keine großen Worte. Kein Anlass. Nur dieser Abend, in einer Stadt, die nicht zur Ruhe kommt.

«Du bist immer noch hier», sage ich, als ich mich setze. Er lächelt schief, zündet sich eine Zigarette an. «Wo soll ich sonst hin, Artur? Nach Moskau?» Seine Stimme ist rau, aber da ist ein Funkeln, das nicht erloschen ist. Er erzählt von 2014, von der Nacht, als sie ihn in Luhansk abholten. «Vier Monate in einer Zelle. Sie haben mich geschlagen, bis ich nicht mehr wusste, ob ich noch atme. Elektroschocks. Fragen, die keinen Sinn ergaben. Ich war 18.» Er zieht an der Zigarette, der Rauch kringelt sich in die Luft.

Und ich? Ich war in Frankfurt, habe Plakate gegen die NATO gemalt, während Dmytro in einer Zelle saß. «Und jetzt?» frage ich leise. Er sieht mich an, seine Augen bohren sich in meine. «Jetzt denke ich darüber nach, zu kämpfen. Nicht zu protestieren, nicht zu reden. Zu kämpfen. Mit einer Waffe. Ich muss nicht kämpfen. Ich war in Gefangenschaft. Aber ich überlege es wirklich zu tun.»

Bevor ich antworten kann, gesellt sich Olena zu uns. Ich habe mit ihr oft zusammengearbeitet, eine Frau mit kurzen Haaren und einem Blick, der nichts übersieht. Sie war in Kursk, hat für 200 Dollar pro Bericht Drohnenangriffe und zerstörte Dörfer dokumentiert. «200 Dollar», sagt sie, als sie sich setzt, «für einen Bericht, der vielleicht nie gesehen wird.» Sie bestellt einen Tee, ihre Hände zittern leicht. «Ich habe genug geschrieben. Vielleicht ist es Zeit, eine Kalaschnikow zu nehmen. Wenn ich sterbe, dann wenigstens für etwas, das zählt.»

Die Sirene heult auf, ein schriller Ton. Dmytro und Olena sehen sich an, ein kurzes, stilles Einvernehmen. Ich spüre, wie mein Herz schneller schlägt, wie die Angst von Mykolajiw zurückkommt. Ich bin kein Soldat, kein Kämpfer. Ich bin nur ein Typ, der Angst davor hat, von einer Drohne zerfetzt zu werden.

«Warum kämpfen?» frage ich, meine Stimme leiser, als ich will. Dmytro zuckt die Schultern. «Weil ich schon einmal weggesehen habe. 2014 dachte ich, Proteste reichen. Jetzt weiß ich: Wenn du nicht kämpfst, entscheidet jemand anderes, ob du lebst.» Olena nickt.

Die Sirene verstummt. Ich sehe die beiden an, ihre Gesichter, die von verschiedenen Kriegen gezeichnet sind – Dmytros von 2014, Olenas von Kursk und ihren Frontberichten. Und ich frage mich: Was ist meine Rolle? Schreiben, ja. Aber reicht das? Oder bin ich nur ein Zuschauer, der die Wahrheit in saubere Sätze verpackt, während andere ihr Leben riskieren? Dmytro lehnt sich zurück, seine Zigarette glimmt.

«Ich sag's dir ganz offen, Artur», sagte er, «es gibt viele Gründe, warum ich darüber nachdenke, zur Waffe zu greifen.» Er sah mich nicht an, sondern sprach in den Raum, fast wie zu sich selbst.

«Erstens – zu viele Freunde sind schon gestorben. Und da ist dieses Gefühl in mir, das ich kaum kontrollieren kann: Rache. Nicht blind, nicht wütend, sondern etwas Tieferes. Rache für sie. Für mein Zuhause, das unter Besatzung steht.

Für eine Jugend, die mir der Krieg gestohlen hat.» Er ascht ab, langsam, als wolle er Zeit gewinnen.

«Und ich weiß selbst, dass es an Leuten fehlt. Es gibt nicht genug Freiwillige. Die Drückeberger stürmen nicht gerade die Wehrämter, aber die Arbeit muss gemacht werden. Es gibt Fluggerät, aber keine Menschen, die es bedienen.» Er lächelt schief. «Wie ich schon gesagt habe: Mein ganzes Umfeld ist in der Armee. Ich fühl mich nicht wie ich selbst, wenn ich in der Zivilwelt bin. Ich fühl mich da nicht zugehörig. Alles nervt mich. Die Leute, die Gespräche, die Normalität. Es fühlt sich falsch an.»

Er hält inne, trinkt einen Schluck Horilka, fährt dann fort – leiser, fast zögernd: «Ich hab zwei Jahre unter Besatzung gelebt. Ich hab gesehen, wie ukrainische Fahnen runtergerissen wurden. Wie Wappen verschwanden, wie Bücher verbrannt wurden – ukrainische Literatur. Das musst du mal gesehen haben, um zu verstehen, was es heißt, sein Land zu verlieren. Nicht abstrakt, nicht als Idee – sondern ganz konkret. Straßen, Orte, Sprache.»

Er sieht jetzt doch zu mir. Seine Stimme wird brüchiger. «Es tut weh, weißt du? Zu sehen, wie Städte und Dörfer verschwinden, wie alles unter diese russische Fahne fällt. Wie unsere Kultur in meinem Donbas stirbt. Ich will nicht, dass das so weitergeht, dass es sich weiter ins Landesinnere frisst. Ich will meinen Beitrag leisten. Nicht aus Heldentum. Sondern weil ich nicht will, dass meine Kinder eines Tages dieses russische Fetzenstück über ihrer Schule wehen sehen.»

Ich sitze da, mit dem halb geleerten Glas Horilka in der Hand – und spürte, wie langsam, fast schmerzhaft langsam, der Groschen fällt. Nicht auf einen Schlag, nicht mit Erkenntnisglanz, sondern zäh, als hätte mein Kopf sich lange dagegen gewehrt, das zuzulassen, was längst offensichtlich ist.

Was ist meine Rolle? Schreiben, ja. Beobachten, dokumentieren, strukturieren – alles sauber, reflektiert, durchdacht. Aber reicht das? Oder bin ich am Ende nur ein Zuschauer mit gutem Satzbau?

Ich denke an die Nächte in Mykolajiw, an die Panzer in der Scheune, an Hyäne, an den Soldaten am Bahnsteig, an die Tochter mit dem Stoffhasen. Und jetzt sitze ich hier, warm, sicher, mit Senf auf dem Teller und Schnaps im Glas – und frage mich, ob nicht genau diese Sicherheit schon eine Form von Verrat war.

Dmytro lehnt sich zurück, bläst den Rauch zur Decke. Er sagt nichts.

Olena steht auf. «Pilmeni brauchen acht Minuten», sagt sie. Acht Minuten. Acht Minuten, um die richtige Haltung zu finden. Acht Minuten, um zu entscheiden, ob man hinsieht oder wegschaut. Ich weiß: Es ist nicht der Krieg, der einen verändert. Es sind die Menschen, die nicht mehr versuchen, ihn zu erklären. Die ihn einfach aushalten. Und dich dabei anschauen, als wollten sie wissen, ob du überhaupt verstehst, worüber du schreibst.

Nicht theoretisch, nicht als literarische Figur, nicht als jemand, der zwischen zwei Flaschen Horilka einen klaren Gedanken fasst – sondern wirklich. Würde ich die Waffe in die Hand nehmen, wenn es kein Notizbuch mehr gäbe? Würde ich mich einreihen, nicht um Geschichten zu sammeln, sondern um eine Stellung zu halten?

Es ist leicht, in sicherer Distanz Haltung zu zeigen. Leicht, in Artikeln von Verantwortung zu schreiben. Aber was, wenn diese Verantwortung auf einmal körperlich wird? Wenn sie nach Schweiß riecht, nach Angst, nach Pulver?

Ich sehe Dmytro an, wie er dasitzt mit seiner rauchenden Zigarette und der müden Selbstverständlichkeit eines Mannes, der sich diese Frage nicht mehr stellt – weil er sie längst beantwortet hat. Und Olena, die noch immer Nachrichten von der Front dokumentiert, als wäre das ihre Art zu kämpfen. Sie spricht nicht viel darüber, aber in ihren Augen liegt etwas Unruhiges, Entschlossenes. In letzter Zeit, sagt sie einmal im Halbsatz, denkt sie darüber nach, sich dem Militär anzuschließen. Vielleicht ist genau das der Punkt: Nicht alle tragen Uniform, aber jeder muss irgendwann entscheiden, ob er stehen bleibt oder geht. Ob er sich versteckt – oder sich zeigt.

Ich weiß nicht, was ich tun würde, wenn es so weit kommt. Aber in diesem Moment, in dieser Küche, zwischen Schnaps und zähem Senf, weiß ich: Die Frage lässt sich nicht wegschieben. Sie gehört jetzt zu mir und sie kommt immer näher.

Nicht weil ich besonders mutig bin. Sondern weil ich – noch – die Freiheit habe, sie selbst zu stellen. Weil ich sie mir stellen *kann*, bevor sie mir von außen gestellt wird. Weil es noch keinen Angriff auf NATO-Gebiet gibt, noch keinen Einberufungsbescheid, keinen Zwang, keine Sirene über Berlin, Prag oder Riga.

Aber genau deshalb ist sie nicht weniger ernst.

Gerade weil ich noch entscheiden darf, ist die Entscheidung keine theoretische.

Muss ich mich jetzt nicht schon fragen, ob es richtig wäre, mich dem Kampf der Ukraine anzuschließen? Nicht als Geste, nicht aus Abenteuerlust – sondern aus Konsequenz? Wenn ich wirklich glaube, dass dieser Krieg auch meiner ist, dass die Verteidigung Europas nicht an der Grenze zu Polen endet, dann reicht es vielleicht nicht, nur darüber zu schreiben. Dann ist es vielleicht feige, darauf zu warten, bis der Krieg an meine Tür klopft.

Ich sehe Dmytro an, sein Gesicht im Widerschein des Küchenlichts, seine ruhige Präsenz, die nichts mehr beweisen muss. Ich dachte an Hyäne, an Oleksandr, an all die Männer, die nicht kämpfen wollten – und trotzdem kämpfen. Was ist meine Ausrede? Vielleicht gibt es keine. Nur die Entscheidung, die irgendwann getroffen werden muss. Solange ich sie noch selbst treffen darf.

Vielleicht ziehe ich die Entscheidung so weit in die Ferne, wie es nur geht. Ich übersetze, spende, schreibe, wüte in der deutschen Öffentlichkeit, versuche, mehr Unterstützung für die Ukraine zu erzwingen – und rede mir ein, dass das schon genug ist.

Aber vielleicht tue ich all das auch, weil ich Angst habe. Angst davor, selbst zu kämpfen. Angst, verletzt zu werden. Angst, jemandem das Leben zu nehmen. Vielleicht hoffe ich, dass es reicht, laut zu sein, präsent und solidarisch – damit ich nicht dahin muss, wo andere längst sind. Vielleicht hoffe ich, dass andere es weiter für mich übernehmen.

Und das ist das Unangenehme an dieser Erkenntnis: Sie lässt sich nicht mehr wegschieben, nicht hinter Rhetorik, nicht hinter Argumente. Denn irgendwann, wenn man oft genug über den Krieg geschrieben hat, wenn man die Gesichter gesehen hat, die verschwinden, und die Stimmen gehört hat, die nicht mehr zurückkommen – dann bleibt nur noch die Frage: Was bin ich bereit zu riskieren, wenn es wirklich zählt? Und was bedeutet es, solidarisch zu sein, wenn die größte Solidarität vielleicht darin besteht, selbst aufzustehen?

Bislang sage ich mir: Wenn Russland die EU angreift, dann bin ich bereit. Dann ziehe ich in den Kampf.

Bis dahin – so rede ich mir ein – tue ich mehr von hier aus. Ich schreibe, übersetze, sammle Spenden, halte die Debatte wach. Vielleicht, denke ich, kann mein Leben hier fünf andere Leben retten. Weil ich Menschen erreiche, weil ich Kapital bewegen kann, Aufmerksamkeit, Haltung. Weil das, was mir an Kraft fehlt, vielleicht durch Überzeugung, Worte, Netzwerke kompensiert werden kann.

Ich baue mir diese Argumentation wie einen Wall gegen die Schuld: Dass ich nützlicher bin, wenn ich funktioniere. Dass ich mehr bewirken kann, wenn ich heil bleibe. Und vielleicht stimmt das sogar. Vielleicht.

Aber je öfter ich an diese Rechnung denke, desto klarer wird mir auch, was sie verschweigt: Dass sie voraussetzt, dass andere *für mich* kämpfen. Dass es Menschen gibt, die keine Zeit hatten, ihre Biografien in Nutzen und Wirkung zu berechnen. Die einfach gegangen sind, als es Zeit war – ohne Garantie, ohne Exitstrategie.

Und vielleicht ist genau das der wahre Unterschied zwischen Frieden und Krieg: Dass Frieden einem erlaubt, das Risiko zu kalkulieren. Und Krieg einem irgendwann keine Wahl mehr lässt. Aber dann stellt sich eine andere Frage, die alles noch komplizierter macht: Wenn ich kämpfen würde – für wen eigentlich? Für die Ukraine, für Deutschland, für die EU? Für wen genau? Für einen Staat? Für ein Territorium, eine Regierung, ein abstraktes Gebilde mit Ministerien, Flaggen und ihren Fehlern?

Oder kämpft man für Menschen? Für Geschichten, die man kennt, für Gesichter, die man gesehen hat? Ich denke an Hyäne, wie er in der Scheune stand, zwischen Heuballen und Panzern, und sagte: *«Ich bin einfach jemand, der nicht wollte, dass andere für ihn sterben.»*

Kein Pathos, keine Parole – nur ein Satz, der hängen

bleibt. Und an Olena, wie sie schweigend an der Spüle stand, während Dmytro erzählte, was sie in Kursk gesehen hatte. Wie sie die Augen schloss, nicht weil sie schwach war, sondern weil sie wusste, was es kostet, weiterzusehen. Vielleicht kämpft man nicht für ein Land. Vielleicht kämpft man, damit Menschen wie sie weiterleben können. Und vielleicht ist das genug. Vielleicht mache ich es mir hier auch zu einfach.

In jener Nacht, nach dem letzten Glas Horilka, liege ich lange wach. Ich starre an die Decke und denke an all die Namen, die mir begegnet waren – an Taten, an Geschichten, an die Flaggen am Maidan, die je einen Gefallen symbolisieren, an das, was vom Krieg bleibt. Was erinnern wir? Wen? Und warum? Doch zwischen all den Bildern drängte sich immer wieder ein anderer Name in mein Denken, aus einer ganz anderen Zeit: Rachimschan Koschkarbajew.

Ich habe ihn nie getroffen, wusste lange nicht einmal, dass es ihn gab. Aber seine Geschichte kam zu mir, wie Geschichten das manchmal tun: beiläufig, fast zufällig, in einem Café im kasachischen Almaty. Und doch lässt sie mich seitdem nicht mehr los. Denn manchmal beginnt das Verstehen der Gegenwart mit der Frage, wem wir unser Vergessen schulden.

9.
Wehrhafte Erinnerung

Vor einem Jahr saß ich in einem kleinen Café am Rande von Almaty. Die Luft war schwer von Hitze und Staub, der Ventilator an der Decke surrte träge. Der Duft von schwarzem Tee und frischem Fladenbrot erfüllte den Raum. Ein alter Mann setzte sich zu mir: «Du bist Deutscher?», fragte er, seine Stimme ein raues Flüstern. Ich nickte. «Euer Deutscher», fügte ich hinzu, weil ich in Kasachstan geboren wurde. Er lehnte sich vor, als wolle er ein Geheimnis enthüllen, das die Welt zu lange unterdrückt hat.

«Rachimschan Koschkarbajew», sagte er. «Hast du von ihm gehört?» Ich schüttelte den Kopf. Der Alte lächelte. «Kennt man ihn in Deutschland?» «Ich habe noch nie von ihm gehört», gab ich zu. Und dann begann er zu erzählen. Er sprach von Rachimschan, gerade 21 Jahre alt, geboren 1924 in einem Dorf nahe Akmolinsk. Ein kasachischer Leutnant der Roten Armee, der im April 1945 mit seiner Einheit die Oder überquerte und Berlin erreichte. «Der Reichstag war eine Festung», sagte der Alte, «aber Rachimschan hatte keine Angst.» Am 30. April 1945, unter mörderischem Beschuss, befestigte er die erste Sowjetflagge über dem Haupttreppenaufgang des Reichstags. «Die erste», flüsterte der Alte, seine Stimme brach, «nicht die, die später für die Propaganda nachgestellt wurde.»

Ich sah ihn vor mir: einen jungen Mann, kaum älter als ich, als ich meine ersten Schritte als Journalist machte. In stockfinsterer Nacht, unter dem Heulen der Granaten, kletterte er mit drei Kameraden aufs Dach, während Berlin in Flammen stand. Scharfschützen lauerten, der Tod war allgegenwärtig. Doch er hisste die Flagge – ein Stück Stoff, das Millionen Hoffnung gab. Aber die Geschichte, so der Alte, endete nicht mit Ruhm.

Die Flagge wurde von deutschen Scharfschützen abgeschossen, der Reichstag blieb bis zum 2. Mai umkämpft. Als Jewgeni Chaldej sein ikonisches Foto inszenierte, posierten andere Soldaten. Rachimschan? Aus der Geschichte getilgt, als hätte sein Mut nie existiert. Mit einem Blick, der mich durchbohrte, fügte der Alte hinzu: «Weißt du, warum er nie als Held der Sowjetunion geehrt wurde? Sein Vater wurde 1937 unter Stalin zum ‹Volksfeind› erklärt.»

Dieser junge Mann, der sein Leben riskierte, wurde nicht nur vergessen, sondern absichtlich aus der Geschichte radiert. Meine Kehle schnürte sich zu, als ich an meinen belarussischen Urgroßvater dachte, der gegen die Nazis kämpfte und irgendwo im nirgendwo starb. Auch sein Name ist fast verloren: Matvej S. B. Auch sein Name ist fast verschwunden – kein Denkmal, kein Orden, nur eine vage Erinnerung im Familiengedächtnis.

Und dann ist da der Bruder meines ukrainischen Großvaters. 17 war er, als er sich freiwillig meldete. Zu jung, offiziell. Aber das hielt ihn nicht auf. Er fälschte sein Geburtsjahr, radierte aus seinem Pass 1926 und schrieb mit 1925 hinein. Nicht, weil er ein Systemheld werden wollte – sondern weil er wusste, dass Warten keine Option war. *Wer nicht kämpft, hat schon verloren*, sagte er später. Und: *Lieber ein Gewehr in der Hand als eine Entschuldigung auf der Zunge.*

Was für eine Wut, welche Entschlossenheit muss in diesem Mann gebrannt haben, der lieber an die Front ging, als tatenlos zuzusehen. Es war kein Staat, der ihn trug. Es war kein Glaube an Stalin. Es war der Wille, sich nicht ergeben zu müssen.

Dass er sich Jahre später im Rentenbüro als ein Jahr jünger outete – und deshalb auf seine Pension warten musste –, ist mehr als eine Anekdote. Es ist die Pointe einer Lebenshaltung: zu kämpfen, wenn es nötig ist. Und ehrlich zu sein, wenn man es sich leisten kann.

Diese Männer kämpften nicht für ein sauberes Narrativ, nicht für eine strahlende Idee von Vaterland oder Partei. Sie kämpften, weil sie wussten: Wenn du dein Dorf, deine Sprache, dein Recht auf Würde, dein Leben behalten willst, musst du bereit sein, dich zu verteidigen. *Wehrhaftigkeit* war für sie kein Begriff aus Leitartikeln, sondern eine physische Realität. Eine Entscheidung.

Und deshalb macht es mich heute so wütend, wenn man sie vergisst. Wenn man so tut, als hätte nur Russland gekämpft. Als hätte der Widerstand gegen den Faschismus einen Pass mit der russischen Hauptstadt gebraucht. Dafür sind allein über 1.2 Millionen Kasachen im Zweiten Weltkrieg in den Krieg gezogen.

Mein Uronkel hat sein Leben lang keine Medaille getragen. Aber er hat sich mit 17 entschieden, dass man sich dem Bösen nicht mit Appellen stellt – sondern mit Haltung, mit Mut, notfalls mit der Waffe. Das war keine Liebe zum Krieg. Das war Wehrhaftigkeit. Und sie ist heute nötiger denn je.

Der alte Mann aus Almaty sah meinen Blick, und für einen Moment teilten wir eine Wut über eine Geschichte, die zerschnitten und neu genäht wurde, um einen einzigen Staat zu glorifizieren: Russland.

Meine Suche führte mich nach Berlin, in das Museum Karlshorst – dorthin, wo einst die Kapitulation Nazi-Deutschlands unterzeichnet wurde. Ein Ort voller Geschichte.

Ich wandte mich an eine Mitarbeiterin im Archiv. «Ich suche Informationen über Rachimschan Koschkarbajew», sagte ich. Sie runzelte die Stirn. «Kosch …?» Dann vergingen Tage. Eine E-Mail kam. Fast beiläufig: «Wir haben etwas gefunden.»

Ich fuhr sofort hin.

Im Lesesaal war es kühl. Die Luft roch nach Papierstaub und altem Holz. Eine Archivarin wartete auf mich, freundlich, etwas erstaunt über mein Interesse. Auf dem Tisch vor ihr lag ein schlichter Karton. Kein Siegel, kein besonderes Etikett. Nur eine Nummer.

Sie hob den Deckel. Und da war es:

Ein Buch – *Koschkarbajews Tagebuch.* Nur Notizen eines Mannes, der eine Fahne setzte – und dann jahrzehntelang dafür verschwiegen wurde. Daneben ein Zeitungsausschnitt aus der sowjetischen Militärzeitschrift *Frontowik*, datiert auf 1945. Ich hielt das Dokument in den Händen, vorsichtig, als könnte es zerfallen. Daneben lag etwas, das mich fast mehr erschütterte: Ein Exemplar der kasachischen Ausgabe seines Buches – das, was seine Geschichte festhielt, seine Version des Sieges, seine Wahrheit.

Das Buch war in den Müll geworfen worden. In einem Land, das sich selbst für antifaschistisch hielt – aber kein Interesse an einem kasachischen Helden hatte, der nicht in die russische Siegeserzählung passte. Ein Dokument wie ein Schatten: vergessen, verstaubt, begraben in einem Archiv – aber echt. Er war da. Er hatte gesprochen. Und man hatte ihn zum Schweigen gebracht.

Es war April 2025, wenige Wochen vor dem 8. Mai. Der Tag der Befreiung rückte näher – dieses Mal zum 80. Mal. In meinem Kalender rot markiert, wie jedes Jahr. Ich saß am Schreibtisch, trank meinen Morgenkaffee, wollte eigentlich nicht mehr über all das nachdenken. Und dann stieß ich auf sie – auf diese eine Schlagzeile:

«Ist gemeinsames Gedenken mit Russen ein Tabubruch?»

Der Spiegel, 17. April 2025.

Autorin: Sabine Rennefanz.

Ich klickte. Ich las. Und meine Hände begannen zu zittern. Nicht nur vor Empörung – sondern vor einem Zorn, der sich wie eine altbekannte Welle in mir aufbaute. Die Autorin schrieb über das bevorstehende Jubiläum. 80 Jahre nach dem Ende des Zweiten Weltkriegs. Eine Gelegenheit zum Innehalten, zum Erinnern, zum Gedenken. Doch wieder drehte sich alles um *Russland.* Darum, ob man mit *Russen* gedenken dürfe – «obwohl sie im Osten so unübersehbar sind», wie es in der Kolumne hieß. Diese Formulierung: neutral aufgeladen und doch triefend vor kolonialer Ignoranz.

Russland, Russland, Russland. Immer Russland.

Und ich fragte mich – wie so oft:

Wo bleibt der Raum für die anderen?

Für Rachimschan Koschkarbajew, den Mann, der als erster die Fahne auf dem Reichstag hisste – und dafür nie geehrt wurde, weil sein Vater als Regimegegner galt. Für meine ukrainischen und belarussischen Vorfahren, die mit bloßen Händen Stellungen aushoben, mit aufgerissenen Lungen gegen deutsche Maschinengewehre rannten – und nie eigene Kapitel bekamen.

Für die Millionen aus Kasachstan, Kirgisien, Usbekistan,

Georgien, Armenien, die in den Schlachten von Kursk, bei Stalingrad, am Dnjepr gefallen sind – mit Namen, die in keinem deutschen Schulbuch stehen.

Sie alle haben mitgekämpft, mitgeblutet, mitverloren.

Aber wenn Deutschland heute über «das Gedenken» spricht, sieht es *einen Sieger* – und *verdrängt den Rest.* Ich saß da, mein Kaffee inzwischen kalt, und fühlte mich, als hätte mir jemand ins Gesicht gespuckt.

Nicht wegen der Frage nach Russland – sondern wegen des Schweigens zu all den anderen. Es ist, als würde man ein Mosaik betrachten – aber immer nur das größte Steinchen sehen. Und die anderen? Ausradiert, weil sie nicht in die große Erzählung passen. Weil sie nicht laut genug sind. Weil ihnen die Sprache, die Bühne, die Bündnisse fehlen.

Ich frage mich: Was ist das für ein Gedenken, das die einen ehrt – und die anderen vergessen lässt? Was ist das für ein Frieden, der sich auf die Geschichte eines Imperiums stützt – und die Geschichten der Völker, die es unterwarf, verschweigt?

Deutschland hat seine Befreier vergessen. Jedes Jahr, wenn der 8. oder 9. Mai naht, höre ich die gleichen Fragen: Soll Russland eingeladen werden? Ist es politisch korrekt? Und ich will schreien: Ihr habt es nicht verstanden! Es geht nicht nur um Russland! Es geht um Rachimschan Koschkarbajew, um meine Vorfahren, um die Millionen aus den Steppen und Bergen der Sowjetunion, die ihr Leben für diesen Sieg gaben. Ihre Namen wurden aus den Geschichtsbüchern radiert, ihre Tagebücher in Archiven vergessen, ihre Bücher weggeworfen. Der Sieg von 1945 war kein russischer Triumph – er war sowjetisch, vielfältig, getragen von Völkern, die ihre Söhne und Töchter in die Hölle schickten.

Diese Fixierung auf Russland als alleinigen Befreier ist

nicht nur historisch verzerrt, sondern auch rassistisch geprägt. Ein gerechtes Gedächtnis sollte die Pflicht sein, alle Stimmen der Geschichte zu hören, nicht nur die der Mächtigen.

Die Sowjetunion bestand aus Kasachen, Ukrainern, Georgiern, Usbeken – Völkern, deren Opfer für den Sieg von 1945 unsichtbar gemacht wurden. Rachimschan Koschkarbajew, der die erste Flagge über dem Reichstag hisste, wurde aus der Geschichte getilgt, weil sein Vater ein Regimegegner war. Wehrhafte Erinnerung bedeutet, diese Stimmen zurückzuholen – gegen die Lüge, gegen das Vergessen.

Wenn ihr den 8. Mai feiert, ehrt alle, die für diesen Sieg kämpften – nicht nur die, die eure Narrative stützen. Sonst ist euer Gedenken eine Lüge, ein Verrat an jungen Männern wie Rachimschan, die unter Beschuss die erste Flagge hissten, an Familien, die ihre Lieben verloren, an Geschichten, die in kleinen Cafés und verstaubten Archiven überleben. Die Wahrheit liegt nicht in Moskau, nicht in Berlin, nicht in den Schlagzeilen des *Spiegel*. Sie liegt in den Dörfern, in den Worten eines Tagebuchs – und nicht in der Perspektive von Deutschen, die vier Jahre nach Russlands Angriffskrieg noch immer nichts gelernt haben.

Der 8. Mai ist kein Abschluss – er ist ein Prüfstein. Nicht dafür, ob wir erinnern können, sondern ob wir begriffen haben, was Erinnerung verlangt. «Nie wieder» hieß nie: nie wieder kämpfen. Es hieß: Nie wieder darf ein Angreifer durchkommen. Nie wieder dürfen wir wegsehen, wenn ein Reich sich über andere stülpt. Nie wieder darf ein Vernichtungskrieg mit Diplomatie beantwortet werden.

Und doch hat Deutschland aus «Nie wieder» eine Beruhigungstablette gemacht. Eine Formel für Sonntagsreden, mit der man sich aus der Geschichte stiehlt. Aber wer nicht bereit ist, Freiheit zu verteidigen, verteidigt auch die Erinnerung nicht.

Die Männer, die am 8. Mai 1945 in zerfetzten Uniformen überlebt hatten, wussten: Der Frieden, den sie erkämpften, war kein Geschenk. Er war ein Preis – bezahlt mit Leben, Mut, Entbehrung.

Und wer heute von «Nie wieder» spricht, aber Panzerlieferungen ablehnt, Wehrpflicht als Zumutung empfindet und «Frieden» als Ausrede benutzt, den Mördern ihren Willen zu lassen – hat nichts verstanden.

Der Sieg über den Faschismus war ein gemeinsamer Akt der Wehrhaftigkeit. Nicht Russland hat Europa befreit – Menschen wie Rachimschan Koschkarbajew, Matvej B. haben es getan. Nicht für Ruhm. Nicht für den Staat. Sondern, weil sie wussten, dass Freiheit nicht überlebt, wenn niemand sie schützt.

Heute wird wieder gekämpft. In der Ostukraine. In der Südukraine. Und wieder hört man aus Berlin: «Wir müssen beide Seiten hören.» Als hätte man 1943 gefragt, wie sich Hitler eigentlich *fühlt*. Wenn ihr den 8. Mai begeht, dann begeht ihn wehrhaft. Ehrlich. Mit der Bereitschaft, euch nicht nur zu erinnern – sondern euch im Ernstfall zu stellen. Denn Erinnerung ohne Konsequenz ist ein sentimentales Selbstgespräch. Und der Satz «Nie wieder» ist nur dann etwas wert, wenn man bereit ist, dafür zu kämpfen.

10.
Würde ich kämpfen?

Die Küche ist klein. Der Linoleumboden hat an den Rändern Blasen geworfen, in den Ecken löst er sich ab wie schuppige Haut. Über dem Herd hängt eine vergilbte Lampe, das Licht fahl, kaum stark genug, um die Umrisse der Schränke zu zeichnen. Es riecht nach gebratenen Zwiebeln, nach Sonnenblumenöl, das zu heiß geworden ist, und nach etwas Bitterem, das man nicht benennen kann – vielleicht Erinnerung.

Im Wohnzimmer, dessen Geräusche in die Küche dringen, läuft der Fernseher. Keine Nachrichten, keine Analysen – nur russische Seifenopern, die ewig gleichen Stimmen, die sich anschreien, lieben, verraten. Ein Streit um ein Kind, eine Schwiegermutter mit Rachegelüsten, ein Arzt mit zu vielen Geheimnissen. Die Dialoge sind überdramatisch, die Musik kitschig – und doch läuft es jeden Abend. Wie ein Hintergrundrauschen gegen die Stille. Niemand sieht hin, aber keiner schaltet aus. Vielleicht, weil es einfacher ist, fremdes Drama zu ertragen als das eigene.

Die Einrichtung ist schlicht, funktional. Ein wackeliger Holztisch mit Kratzern im Lack. Zwei Stühle mit durchgesessenen Polstern. Ein Wasserkocher mit abblätterndem Plastik. An der Wand ein Kalender mit Landschaftsmotiven aus Sibirien – der aktuelle Monat halb umgeblättert. Die

Zeit vergeht, aber sie hinterlässt kaum Spuren, nur kleine Risse im Lack der Dinge.

Ein Raum, der nichts erzählt – und doch alles sagt.

Meine Mutter steht am Herd. Sie schneidet Gemüse – Tomaten, Paprika, ein wenig Knoblauch. Die Klinge ihres Messers klopft im gleichmäßigen Takt auf das Holzbrett. *Chop. Chop. Chop.* Es ist ein vertrautes Geräusch, eines aus meiner Kindheit, das früher Geborgenheit bedeutete. Heute liegt etwas Unbeirrbares darin. Eine Weigerung, aus dem Takt zu geraten. Als würde sie mit jedem Schnitt sagen: *Ich mache weiter. Ich lasse mich nicht aus der Ruhe bringen. Ich lasse mir das Leben nicht nehmen.*

Ich lehne im Türrahmen. Die Arme verschränkt. Schaue ihr zu.

«Es spitzt sich zu», sage ich nach einer Weile. Meine Stimme ist leise, fast neutral, als wäre es nur ein Kommentar zum Wetter. «Russland greift immer häufiger Infrastruktur an. Teil ihres hybriden Kriegs.» Sie bleibt beim Schneiden. Als hätte sie es nicht gehört. *Chop. Chop. Chop.* Die Tomaten sind längst klein genug, doch sie macht weiter. Zerteilt sie noch einmal, als hinge die Kontrolle über das eigene Leben an diesem Brett, an dieser Bewegung, an der Beherrschung des Moments.

Ich warte. Doch sie sagt nichts. Dann, ohne aufzusehen, fast beiläufig: «Ich will nur, dass es endlich aufhört.» Ihre Stimme ist ruhig. Aber ich höre, wie viel Mühe es sie kostet, ruhig zu bleiben.

«Und wenn es nicht aufhört?», frage ich.

Jetzt hält sie inne. Nur für einen Moment. Das Messer in der Luft, die Hände über der Schüssel. Dann schneidet sie weiter, langsamer. Stille.

«Ich bin nicht aus Kasachstan gegangen, damit meine

Kinder an der Front sterben.» Der Satz steht plötzlich im Raum, schwer, endgültig. Ich öffne den Mund, doch kein Wort kommt heraus. Alles, was ich sagen könnte, würde an dieser einen Wahrheit zerschellen.

Sie stellt das Messer ab, vorsichtig, als wolle sie nichts beschädigen – nicht das Holzbrett, nicht den Moment. Dann geht sie zum Spülbecken. Der Wasserhahn quietscht, ein dünner Strahl läuft. Sie hält ihre Hände darunter, nicht hastig, nicht gleichgültig – eher so, als müsste sie sich erinnern, wie man überhaupt loslässt. Ihre Finger sind schmal, von Rissen durchzogen. Das warme Wasser glättet nichts daran. In den feinen Linien steckt ein halbes Leben – registriert in Stempeln, Anträgen, Sprachkursen, unbezahlten Überstunden. In «Vielleicht»-Jobs. In «Wenn sie uns nehmen»-Momenten.

Sie trocknet sich langsam die Hände ab. Dann dreht sie sich zu mir um. Keine Geste, keine Worte – nur dieser Blick. Kein Trotz, kein Vorwurf – aber auch keine Sentimentalität.

Nur diese stille, erschöpfte Klarheit:

Ich habe in den Putzkolonnen gestanden, als du eingeschult wurdest.

Ich habe auf das neue Leben gehofft, auch wenn ich nachts in fremden Treppenhäusern Toiletten schrubbte.

Ich habe mich kleiner gemacht, damit du größer werden kannst.

Ich habe geschwiegen, wenn andere lauter waren.

Und jetzt?

Jetzt sitzt mein Sohn im Türrahmen und spricht von einem Krieg und Orten, die wir eigentlich längst hinter uns lassen wollten.

Von Russland. Wieder.

Von Fronten.

Von Gefahr.

Von der Frage, ob er arbeiten muss – in einem Land, in das ich ihn nie schicken wollte.

Sie sagt nichts. Aber ihr Blick sagt alles:

Was willst du hören?

Dass es richtig ist, zu gehen?

Dass es falsch ist, zu bleiben?

Ich habe mein Leben lang gekämpft – aber mit Papieren. Und dann – ganz ruhig, fast zärtlich – sagt sie:

«Ich bin nicht aus Kasachstan weggegangen, damit du irgendwann in einem Schützengraben liegst.»

Und ich weiß:

Manchmal ist das größte Opfer nicht das Sterben.

Sondern das Hoffen, dass der eigene Sohn das nie muss.

Ich kenne ihre Erzählungen.

Von den leeren Regalen in Kasachstan, den Tagen, an denen es im Laden nur Salz und abgepackte Margarine gab. Vom ewigen Anstehen, vom Tauschen, vom Verzichten. Ich kenne die Geschichten von den kalten Blicken im deutschen Konsulat, wo man nicht Mensch war, sondern Akte. Wo jedes Formular wie eine Prüfung wirkte, und jedes fehlende Dokument wie ein Urteil. Ich sehe sie noch vor mir, wie sie davon sprach – die Stunden in überfüllten Ämtern, in denen sie sich kleiner machte, als sie war, nur um durchzukommen. Den Rücken geradehalten, aber nicht auffallen. Freundlich, aber nicht fordernd. Immer vorsichtig, immer im Konjunktiv. Ein Leben im Vielleicht: *Wenn wir es schaffen … wenn sie uns nehmen … wenn es besser wird.* Es war nie sicher. Nie selbstverständlich. Alles war verhandelbar – die Sprache, die Heimat, der Aufenthalt.

«Du bist gegangen», sage ich. «Und ohne euch… hätte ich heute keine Sprache. Kein Recht, zu zweifeln. Keine

Wahl.» Ich halte kurz inne. Der Satz kommt nicht leicht, aber er muss gesagt werden. «Ich würde an der Front verrecken – für Russland.» Der Satz fällt in den Raum wie ein Stein ins Wasser. Schwer, endgültig.

Nicht, weil ich es gewollt hätte. Sondern weil es nichts anderes gegeben hätte. Keine Alternative. Keine kritische Öffentlichkeit. Kein Raum, um *Nein* zu sagen. Nur Befehl und Erwartung, Ideologie und Marschrichtung.

Ich hätte geglaubt, es sei richtig. Hätte geglaubt, es sei meine Pflicht. Hätte geglaubt, dass es gar nichts zu glauben gibt – nur zu gehorchen. Ich hätte geglaubt, es wäre alles fürs Vaterland.

Das ist es, was sie mir damals erspart hat. Nicht nur das Elend. Nicht nur die Armut. Sondern diese Form der Ausweglosigkeit. Ich sehe sie an. Sie schluckt. Sagt nichts. Aber ihre Augen glänzen.

Vielleicht ist das der eigentliche Bruch, den Migration hinterlässt:

Dass man nie weiß, welchen Umständen genau man entkommen ist – nur, dass es hätte das Ende sein können.

Ihr Blick hebt sich, als hätte ich etwas in ihr ausgelöst, das lange geschlummert hat. Kein direkter Widerspruch, keine Tränen – nur ein kurzes Aufleuchten. Eine Erinnerung.

Russland. Omsk. 9. Mai.

Tag des Sieges.

Die Sonne brennt auf den staubigen Innenhof der Plattenbausiedlung, der Tisch biegt sich unter Eiern, eingelegtem Kohl und Salaten mit zu viel Mayonnaise. Im Hintergrund läuft ein sowjetischer Marsch aus einem klirrenden Kassettenrekorder. Die Erwachsenen trinken Tee mit Cognac, reden über den Krieg, als sei er eben erst gewesen.

Mein Cousin, sieben Jahre alt, trägt eine Kinderuniform

mit Plastikorden. An seiner Schulter baumelt ein Spielzeuggewehr.

Er springt herum, zielt in die Luft, dann auf mich, lacht. «Wenn Krieg kommt, knallen wir alle Deutschen ab!» ruft er. Alle lachen. Es ist ein Spiel. Ich bin neun. Und plötzlich weiß ich nicht, ob ich zu denen gehöre, die abgeknallt werden sollen – oder zu denen, die applaudieren.

Meine Mutter greift mich am Arm. Nicht grob, nicht panisch – aber fest, entschlossen. Ihr Blick senkt sich auf den Boden, als könne sie durch bloßes Schweigen den Satz ungesagt machen. «Komm», flüstert sie. Schnell. Weg von hier.

«Wenn wir geblieben wären», sage ich jetzt, «trüge ich vielleicht heute eine russische Uniform. Mit denselben Parolen im Kopf.» Sie schüttelt energisch den Kopf. «Darum sind wir gegangen.»

«Ja», sage ich. «Und darum kannst du nicht mehr entscheiden, wohin ich gehe.» Stille. Sie legt das Messer ab, ihre Hand zittert. Sie glaubt an Flucht wie an ein Schachspiel, bei dem man Züge überspringen kann. Doch Flucht schützt nicht immer. Manchmal wird der Fluchtpunkt selbst zur Falle, wenn andere für dich stehen bleiben müssen.

«Du warst doch immer gegen Gewalt», murmelt sie, mehr zu sich selbst.

Ich bin es noch. Ich habe nie geschlagen, ohne zuerst geschlagen zu werden. Ich habe gesehen, was passiert, wenn man Gewalt aus Prinzip ablehnt – und anderen überlässt, die Welt zu formen.

Was ist Pazifismus wert, wenn andere für ihn sterben?

Draußen geht das Leben weiter, so als wäre nichts. Die Frau mit dem Kinderwagen biegt um die Ecke, bleibt kurz stehen, um sich die Sonne ins Gesicht scheinen zu lassen.

Die beiden Jungen rufen einander Namen zu, ihre Stimmen hell. Der Ball springt über das Pflaster, trifft eine Bordsteinkante, rollt ein Stück weiter. Einer der Jungen stolpert, fällt auf die Knie, steht sofort wieder auf, klopft sich den Staub ab, lacht. Frieden. Aber wie lange?

«Ich will nicht, dass du oder dein Bruder irgendwann kämpfen», sagt sie. «Ich will nicht, dass ihr getötet werdet.»

«Ich auch nicht», antworte ich.

Ich schweige. Wie bleibt man sauber in einem Krieg, den man nicht wollte? Nichtstun ist auch Schuld. Neutralität in Zeiten der Barbarei ist keine Unschuld, sondern Bequemlichkeit.

Würde ich kämpfen? Ich weiß es nicht. Aber ich weiß: Es gibt keinen sicheren Ort mehr. Ich kann nicht in Cafés sitzen und Manifeste schreiben, während anderswo Kinder aus Trümmern gezogen werden. Ich kann keinen Pazifismus fordern, wenn andere die Kugeln fangen, die auch für uns gedacht sind. Ich habe Angst.

Ich habe keine Antwort, nur Fragen. Manchmal wache ich nachts auf, schweißnass, der Atem flach, der Puls jagt. Kein Geräusch im Zimmer, nur das eigene Herz wie ein pochender Hammer gegen die Rippen. Ich brauche einen Moment, um zu begreifen, dass ich nicht dort bin – dass ich in einem Bett liege, in einem geheizten Raum, mit festem Dach über dem Kopf. Dort, im Traum, war ich an der Front.

Ich war einfach da – mittendrin, bar jeder Kontrolle. Ein Matschfeld, endlos, grau, verschlungen von kaltem Nebel. Ringsum das Splittern von Geschossen, das Rattern von Maschinengewehren, das Heulen ferngesteuerter Drohnen über unseren Köpfen. Erde fliegt hoch. Stimmen schreien, auf Ukrainisch, auf Russisch. Einer hebt den Kopf – zu spät. Die Kugel reißt ihm die Hälfte des Gesichts weg.

Ich ducke mich in ein Loch, halb gefüllt mit Wasser. Der Gestank von verbrannter Kleidung, Metall, Angst. Neben mir liegt jemand. Kein Laut mehr von ihm. Nur der Blick, offen, starr, als würde er mich anschauen, ohne mich zu sehen. Ich kann mich nicht bewegen. Mein Körper ist bleischwer, meine Zunge trocken wie Papier. Ich will schreien, aber der Ton bleibt im Hals stecken.

Dann der Einschlag. Irgendwo hinter mir. Die Erde hebt sich, ein Dröhnen, dumpf und nah. Etwas trifft mich. Ich falle, oder vielleicht fliege ich – schwerelos, haltlos, aus der Zeit gefallen. Und dann: Licht. Wärme. Ich bin zurück. In meinem Zimmer. Der Laptop leuchtet noch schwach auf dem Schreibtisch, der Tee daneben ist längst kalt. Ich sitze aufrecht im Bett, zitternd. Mein T-Shirt klebt am Rücken. Draußen fährt ein Auto vorbei, irgendwo bellt ein Hund. Ich bin hier. Sicher. Unversehrt.

Aber dort, dort sind sie wirklich. In ihren nassen Stiefeln, mit matschigen Decken, mit Händen, die zittern nicht vom Traum, sondern von der Realität. Ich kann schreiben, fliehen, löschen. Sie nicht. Und das, was ich empfinde, ist keine Schuld im klassischen Sinn. Es ist Scham. Tiefe, stumme Scham – weil ich atmen darf, wo andere vergehen. Und Ratlosigkeit, weil ich nicht weiß, wie man mit diesem Abstand lebt, ohne ihn zu verraten.

Ich will nicht töten. Ich will nicht getötet werden. Ich will nicht, dass Krieg je eine Option wird. Aber was bleibt, wenn das alles nicht reicht? Ich sage mir, dass Schreiben auch eine Form von Widerstand ist. Dass das Wort ein Werkzeug ist, vielleicht sogar eine Waffe. Eine, die entlarvt, erklärt, einordnet, aufrüttelt. Ich halte mich daran fest, nachts, wenn der Albtraum wiederkommt. Wenn ich aufschrecke und das Dröhnen noch in meinen Ohren ist. Wenn ich mich frage, was ich eigentlich tue – hier, am Schreibtisch, während andere bluten.

Denn ich weiß auch: Kein Satz dieser Welt schützt vor einer Granate. Keine Metapher hält ein Bein zusammen, das abgerissen wurde. Kein noch so kluger Essay verhindert ein Massengrab. Das Wort kann vieles. Aber es kann nicht aufhalten, was längst begonnen hat. Und trotzdem schreibe ich weiter. Vielleicht, weil ich nicht anders kann. Vielleicht, weil ich hoffe, dass irgendwo da draußen einer liest – bevor er den Abzug drückt.

Ich kämpfe nicht. Vielleicht nie. Ich hoffe es. Aber ich weiß auch: Diese Hoffnung ist ein Luxus, den andere längst nicht mehr haben. Und vielleicht ist das schon ein Teil meiner Angst. Wir müssen uns alle diese Frage stellen. Nicht irgendwann, nicht theoretisch, sondern jetzt – bevor der Krieg vor unserer eigenen Tür steht. Bevor wir plötzlich nicht mehr in Artikeln und offenen Briefen denken, sondern in Fluchtwegen und Entscheidungen.

Was tun wir, wenn er kommt? Nicht in Form von Nachrichtenbildern, sondern in Sirenen, in Einberufungen, in Trümmern vor dem eigenen Haus? Ich weiß es nicht. Ich habe Angst vor dieser Frage, weil sie keine saubere Antwort kennt. Weil sie uns zwingt, zu wählen – zwischen Prinzipien und Schutz, zwischen Hoffnung und Realität.

Meine Mutter dreht sich vom Fenster weg, ihre Augen suchen meinen Blick, als könnten sie mich festhalten. «Hätten sie damals gehandelt», sage ich leise, «hätte es vielleicht keinen Krieg gegeben. Hätten sie den Himmel geschlossen.»

Eine No-Fly-Zone, die die Bomber vom Himmel geholt hätte – bevor sie Kyjiws Straßen zerfetzten, bevor Mariupol zu einem Massengrab wurde. Hätten die EU, die NATO, die Welt schneller gehandelt – entschlossener, früher, mit Waffen, die nicht erst nach Monaten kamen, mit Sanktionen, die den Kreml sofort erstickt hätten, mit einem Flugverbot, das den Himmel über der Ukraine gesichert hätte – vielleicht wäre der Donbas nicht gefallen. Vielleicht müsste heute niemand Uniform tragen. Vielleicht würden Menschen noch leben, die ich kannte. Und vielleicht müssten wir uns nie fragen, ob auch uns ein Krieg bevorsteht. Oder ob wir kämpfen würden, wenn er kommt.

Aber sie zögerten. Diplomaten schrieben Papiere, hielten Gipfel, suchten Kompromisse. Der Himmel blieb offen, die Panzer rollten, und die Welt sah zu, wie die Ukraine brannte. Jetzt stehen wir hier, in dieser kleinen Küche, und die Front ist näher, als uns lieb ist.

Der Krieg hätte verhindert werden können. Mit rechtzeitigen Waffenlieferungen, mit Abschreckung, mit einem klaren Nein zu imperialer Erpressung. Aber wir haben gezögert. Wir haben verhandelt, während Russland längst marschierte. Wir haben appelliert, während andere bombardiert wurden. Wir haben gehofft, dass es schon nicht so schlimm wird – eine Hoffnung, die Städte wie Mariupol, Butscha und Charkiw mit Blut bezahlt haben. Doch der Krieg ist hier. Nicht nur in der Ukraine – er ist längst Teil Europas. Er sitzt in unseren Debatten, untergräbt unsere Sicherheit, zersetzt unseren Zusammenhalt. Auch in Deutschland. Und jetzt?

Jetzt müssen wir aufrüsten. Nicht, weil wir Krieg wollen, sondern weil wir den Frieden nicht verteidigt haben, als es noch möglich gewesen wäre. Jetzt müssen wir liefern – Panzer, Raketen, Drohnen –, nicht aus Kriegsbegeisterung, sondern weil gute Ausrüstung Leben rettet. Jede Granate, die heute ein ukrainisches Leben schützt, ist eine, die morgen nicht in Warschau, Vilnius oder vielleicht Berlin einschlägt. Jeder Schützenpanzer, der heute einen Frontabschnitt sichert, rettet nicht nur Soldatenleben – er verteidigt ein Prinzip: dass Grenzen nicht mit Gewalt verschoben werden dürfen.

Und wir sollten uns nicht der Illusion hingeben, der Krieg betreffe uns nur militärisch. Putins Angriff ist längst hybrid: mit Desinformationskampagnen, mit Hackerangriffen auf unsere Systeme, mit Sabotageakten gegen kritische Infrastruktur, mit Erpressung über Energie, Migration, Cyberattacken. Mit allem, was wir wissen – und allem, was wir noch nicht wissen. Wer glaubt, die Front verlaufe nur im Donbas, hat nicht verstanden, wie moderne Kriegsführung funktioniert. Sie zielt auf unsere Verwundbarkeit, unsere Selbstzweifel, unsere Naivität.

Aufrüstung ist kein Widerspruch zum Frieden. Sie ist die bittere Konsequenz aus dem Versagen, ihn rechtzeitig zu schützen. Wer jetzt nicht handelt, wer weiter zaudert, überlegt, abwägt, abwiegelt – der wird später mit leeren Händen dastehen, wenn das Unvermeidliche eintritt. Denn Putin wird nicht einfach aufhören. Er kennt nur Stärke – oder Schwäche. Sein Krieg wird nicht irgendwo geführt, sondern längst mitten in Europa. Es ist unsere Aufgabe, das endlich zu begreifen – und entsprechend zu handeln.

Aber da ist dieses Dilemma, das vor uns liegt. Unsere verspätete Reue, unser Zögern, hat uns in eine Zwickmühle geführt. Aufrüsten, ja – aber was, wenn die Waffen in die falschen Hände geraten? Hier, in Deutschland, wo alte Dämonen nie ganz schlafen.

Was, wenn wir, um die Ukraine zu retten, Türen öffnen für jene, die unsere Freiheit hier bedrohen? Was, wenn die Waffen, die wir zur Verteidigung liefern, am Ende gegen uns selbst gerichtet werden? Die Geschichte kennt solche Paradoxien. Sie kennt das Umschlagen von Schutz in Gefahr, von gut gemeint in fatal. Afghanistan, Syrien, Libyen – wie oft schon wurden Kalaschnikows weitergereicht, bis niemand mehr wusste, in wessen Händen sie ursprünglich landen sollten?

Ich sehe sie an – meine Mutter, deren Blick zögert, zweifelt, sucht. Und ich höre mich sagen: «Ich weiß, dass Aufrüstung kein reines Mittel ist. Ich weiß, dass Waffen nie unschuldig sind. Dass sie keine Garantie geben, sondern Möglichkeiten öffnen – auch für das Falsche.»

Aber ich frage zurück: «Was passiert, wenn wir wieder zögern? Wenn wir warten, bis alles eindeutig ist – und die Ukraine in Trümmern liegt? Wer sind wir dann, wenn wir auf Risiko verzichten, aber den Preis anderen zahlen lassen?»

Meine Mutter schweigt. Sie hält die Kaffeetasse so fest, dass ihre Knöchel weiß werden.

Es stimmt: Waffen können in die falschen Hände geraten. Aber Schweigen auch. Neutralität ist keine Unschuld – sie ist oft bloß der andere Name für Bequemlichkeit. «Wenn wir nichts tun», sage ich, «wenn wir wieder in dieser betäubenden Passivität verharren, dann geben wir denen recht, die behaupten, Freiheit sei etwas für die Starken. Dann lassen wir die Ukraine fallen – und uns selbst mit ihr.»

Denn irgendwann sind es nicht mehr nur ihre Städte, die brennen. Irgendwann fragt uns jemand: Wo wart ihr? Und warum habt ihr nichts getan, als es noch möglich war? Meine Mutter schüttelt den Kopf, ihre Lippen schmal, als wollten sie die Worte zurückhalten. «Sie hören nicht auf», murmelt sie, «nicht, bis sie haben, was sie wollen. Du weißt, wie sie ticken, Artur. Sie geben nicht auf, bis sie das haben, was sie wollen.»

«Der Westen, die EU, Deutschland, wir müssen sie aufhalten», antworte ich. «Mit allem, was wir haben.»

Die Küche scheint kleiner zu werden, als würde der Raum selbst die Luft anhalten. Meine Mutter sieht mich an. Sie weiß, was ich meine. Nicht nur Waffenlieferungen, nicht nur Drohnen oder Panzer für die Ukraine. Es geht um mehr. Es geht darum, ob ich selbst bereit bin, die Linie zu überschreiten – vom Zuschauen zum Handeln. Vom Denken zum Kämpfen.

«Du?», fragt sie, ihre Stimme bricht. «Du willst da drüben stehen, mit einer Waffe in der Hand?»

«Ich weiß nicht, ob ich kämpfen würde», sage ich ehrlich, meine Stimme leise. «Aber ich weiß, dass ich nicht hierbleiben kann, als wäre Nichtstun eine Antwort. Wenn ich gehe, dann nicht, um zu töten, sondern um zu helfen. Um zu zeigen, dass wir nicht alle wegschauen. Aber wenn es darauf ankommt …» Ich stocke, die Worte wie Steine in meinem Mund. «Wenn es darauf ankommt, muss ich bereit sein. Ein guter Freund sagte mir mal, denke über das Kämpfen nach, solange du das noch aus freien Stücken tun kannst.»

Stille. Draußen schreit ein Kind nach seinem Ball, ein Lachen hallt durch die Straße. Frieden, so zerbrechlich wie Glas. Doch dieser Frieden, denke ich, ist kein Zufall. Er ist hart erkämpft, von Menschen, die vor uns entschieden haben, nicht wegzuschauen, die in der Normandie gelandet sind, die bis nach Berlin marschiert sind.

Die EU, Deutschland – sie sind nicht perfekt. Wir streiten, kritisieren, manchmal hassen wir, was in unseren Grenzen und an unseren Grenzen schiefgeht. Korruption, Bürokratie, Ungleichheit – wir sehen die Risse, und wir scheuen uns nicht, sie laut zu benennen. Aber wenn ich aus dieser Küche hinausschaue, auf die Kinder, die spielen, die Frauen mit Kinderwagen, die Jungen, die ohne Angst einem Ball nachjagen, dann weiß ich: Das, was wir haben, ist besser. Besser als die kasachische Steppe. Besser als der Militarismus in Russland. Besser als die Angst in den Augen derer, die unter einem offenen Himmel leben, wo Bomben fallen. Besser als die Welt da draußen.

Das ist es, was wir schützen müssen. Nicht aus Stolz, nicht aus Überlegenheit, sondern weil es verteidigungswert ist. Wehrhaft zu sein bedeutet nicht, blind zu gehorchen oder die eigene Kritik zu ersticken. Es bedeutet, im Inneren zu streiten, zu hinterfragen, zu fordern – und nach außen hin bereit zu sein, politische Differenzen beiseitezulegen, wenn die Freiheit bedroht ist. Es bedeutet, die Ukraine zu unterstützen, nicht nur mit Worten, sondern mit Taten, weil ihr Kampf auch unser Kampf ist. Weil ihr Fall unser Fall wäre.

Vielleicht kämpfe ich nie. Aber ich werde nicht fliehen. Nicht vor der Frage, ob ich selbst eine Waffe in die Hand nehmen würde. Nicht vor der Verantwortung, die Ukraine zu unterstützen, mit allem, was wir haben. Nicht vor der Wahrheit, dass unser Zögern diesen Krieg genährt hat – und dass wir jetzt, trotz aller Ängste, handeln müssen, um das zu schützen, was uns bleibt. Unsere Freiheit. Unsere Zukunft. Uns selbst.

Meine Mutter richtet sich langsam auf. Die Schultern straff, der Blick unverrückbar. Ihre Augen fixieren mich – nicht bittend, nicht fragend, sondern durchdringend, als wollten sie etwas aus mir herausbrechen, was ich selbst noch nicht ganz fassen kann.

«Sag es mir direkt, Artur», sagt sie. Ihre Stimme hat diesen Ton, den sie früher nur benutzte, wenn sie mich wirklich meinte – scharf wie das Messer, das noch neben der halben Zwiebel auf dem Schneidebrett liegt. «Willst du an der Front verrecken? Für was?»

Es ist kein Schrei, kein Weinen. Es ist härter. Nüchterner. Als hätte sie schon alles durchlebt, was ich mir gerade erst ausmale. Als wüsste sie längst, wie kalt der Boden unter einem Körper wird, wenn niemand kommt. Draußen rollt ein Kinderwagen vorbei. Die Sonne steht tief. Ihre Silhouette, von hinten beleuchtet, ist die einer Frau, die alles gegeben hat – und nicht bereit ist, auch noch ihren Sohn herzugeben.

Die Frage trifft mich. Ich sehe meinen Cousin, wie er lacht, mit seinem Spielzeuggewehr, das längst echt geworden ist. Und ich sehe die Kinder da draußen, auf der Straße, die noch lachen können, weil hier kein Himmel brennt. Noch nicht.

«Ich will nicht sterben», sage ich, meine Stimme ruhig, aber fest. «Aber wenn es darauf ankommt, würde ich mich wehren. Ich würde kämpfen, damit niemand unter Besatzung leben muss. Damit diese Kinder da draußen nicht lernen müssen, was Angst wirklich bedeutet. Damit das, was wir hier haben – diese zerbrechliche Freiheit – nicht in Trümmern endet.»

Sie schweigt, ihre Hände zittern leicht, als sie die Tischkante loslässt. Der Raum ist still, nur das ferne Lachen der Kinder dringt durch das Fenster. Ihre Augen suchen meinen Blick, und ich sehe darin keinen Vorwurf mehr, sondern etwas Tieferes – die Angst einer Mutter, aber auch die Erkenntnis, dass Flucht nicht mehr reicht. Nicht für mich. Nicht für uns.

«Du bist mein Sohn», sagt sie leise, fast ein Flüstern.

Vielleicht kämpfe ich nie. Aber ich werde nicht fliehen. Nicht vor der Frage, ob ich für die Freiheit anderer sterben würde. Nicht vor der Verantwortung, die Ukraine zu unterstützen, um das zu schützen, was wir hier in Deutschland und der EU haben. Nicht vor der Wahrheit, dass unser Zögern diesen Krieg genährt hat – und dass wir jetzt handeln müssen, um Leben zu retten, um uns nicht zu verlieren.

In einer ruhigen Minute, als der Kaffee längst kalt ist und meine Mutter schweigt, rufe ich meinen Vater an. Es ist später Nachmittag. Ich schaue aus dem Fenster. Kinder spielen. Die Welt wirkt unberührt. Ich wähle seine Nummer.

Er hebt schnell ab.

«Na, lebst du noch?»

«Klar. Und du?»

«Wie immer», sagt er. «Was gibt's?»

«Ich wollte dich was fragen.»

Kurzes Schweigen.

«Frag.»

«Würdest du kämpfen?»

Am anderen Ende der Leitung knackt es leise. Dann:

«Wie kommst du jetzt darauf?»

Ich atme durch.

«Weil ich darüber schreibe. Weil ich mich frage, ob ich's könnte. Und weil ich manchmal nicht mehr weiß, ob ich noch klar im Kopf bin – oder einfach nur verrückt werde.»

Er lacht leise, kehlig, wie er es immer tut, wenn er etwas nicht sofort ernst nehmen will.

«Verrückt sind wir alle ein bisschen. Sonst wären wir nie gegangen.» Dann wird er wieder ruhig.

«Ich war in der kasachischen Armee. Ich weiß, was Gewalt im Militär bedeutet. Es ist kein Spiel.»

Pause.

«Aber ja. Ich würde kämpfen. Für ein Land, das uns aufgenommen hat, obwohl wir nicht viel zu bieten hatten.

Für ein Land, das euch zur Schule gehen ließ, ohne euch zu fragen, ob ihr dazugehört. Für ein Land, das mir Arbeit gegeben hat, als ich nur meine Hände hatte. Es war nie perfekt – aber es war gerecht. Meistens jedenfalls. Mehr als alles, was wir davor kannten.»

Ich halte das Telefon fester.

«Ich weiß nicht, ob ich's könnte», sage ich.

«Du denkst zu viel», sagt er. «Wenn's so weit ist, tust du, was du tun musst. So war's immer.»

«Und wenn ich's nicht schaffe?»

«Dann bist du kein Feigling. Dann bist du immer noch ein Mensch. Aber überleg gut, wem du was schuldest. Und wem du was verdankst. Nicht jeder hat das Glück, etwas verteidigen zu dürfen.»

Epilog

Ich schrieb dieses Buch unter anderem in Georgien, einem Land, das 2008 von Russland überfallen wurde und seitdem wie ein Patient lebt, dem die vollständige Genesung verwehrt bleibt. Während ich in Tbilisi die letzten Kapitel tippte, pulsierte draußen vor meinem Apartment das sommerliche Leben. Touristen aus Moskau schlenderten durch die Altstadt, knipsten Selfies vor der Narikala-Festung, tranken georgischen Wein aus Plastikbechern. Ein Alltag, der die Panzerabdrücke im Gedächtnis des Landes übertüncht, als wären sie nie gewesen.

Nachmittags saß ich oft auf einer Holzbank in einem Park. Irgendwo klapperte eine Schaukel. Alte Frauen fütterten Tauben. In der Nähe, unter einem offenen Pavillon, saßen zwei alte Männer an einem Steintisch und spielten Schach. Zwischen ihnen: ein klappriges Holzbrett, die Figuren schwer, speckig vom vielen Anfassen. Ihre Züge waren langsam, überlegt. Wenn einer eine Figur setzte, nickte der andere. Keine Worte, nur das leise *klack* von Holz auf Stein.

Kinder spielten in der Nähe und jagten sich lachend bei einem Spiel Fangen. Eines Tages hörte ich ein Mädchen, vielleicht acht Jahre alt, mit heller Stimme rezitieren, als wäre es ein Kinderreim: «Сталин защитил Крым от Англии и Америки.» – Stalin habe die Krim gegen England und Amerika verteidigt.

Ihre Freunde nickten, als wäre es die selbstverständlichste Wahrheit der Welt. Später stritten zwei Jungen bei einem improvisierten Würfelspiel, wer die Krim «befreien» dürfe. Einer rief: «Русские идут!» – die Russen kommen. Die anderen lachten, ein helles, unbeschwertes Lachen, wie es nur auf Pausenhöfen erklingt. Nichts davon klang bedrohlich. Doch jede Silbe war durchtränkt von einem Militarismus, mit dem diese Kinder aufwachsen – Heldenmythen, Siegesparolen, die in ihren Spielen Wurzeln schlagen. Eine nächste Generation, die schon in den Startlöchern steht, geformt von einer Ideologie, die Krieg als Tugend verherrlicht.

Und wir? Wir wachsen anders auf, mit Büchern über Frieden, mit Debatten über Anstand, mit der Überzeugung, Waffen wären sinnlos. Das ist löblich, ja. Aber während wir unsere Kinder lehren, Konflikte mit Worten zu lösen, lernen ihre Kinder, wie man «die Krim befreit». Unsere Zurückhaltung, unser gegenwärtiger Pazifismus, ist ein Luxus, den wir uns leisten, weil andere für uns bluten. Wie lange noch?

Ich habe sie gelesen, die Bücher der Friedensschwurbler, die unermüdlich vom Verhandeln faseln. Sie sagen, Pazifismus sei der letzte Anstand, Diplomatie der einzige Ausweg, der Kampf ein Relikt maskuliner Hybris. Der Krieg gegen die Ukraine wäre eine Folge imperialer westlicher Mächte: Aber ich war dort. In der Ukraine. Ich kenne Männer, die ermordet wurden, weil andere an ihren Schreibtischen sitzen, Papiere schreiben und glauben, Gewalt beginne erst mit dem ersten Schuss. Sie haben nicht die Trümmer gesehen, nicht die offenen Himmel, die Verletzten mit ihren Schmerzen, die keine Verhandlungstische erreichen. Ihre Worte sind hübsch, aber leer, wenn Panzer rollen und Kinder unter Bomben sterben. Wenn wir nicht endlich anders über Krieg und Frieden nachdenken, könnten es auch irgendwann unsere Kinder sein, die unter diesen Trümmern liegen.

Russland ist dazu bereit.

Wie schützt man das Lachen unserer Kinder? Wie bewahrt man eine Freiheit, die so zerbrechlich und möglicherweise so flüchtig ist wie die Sommersonne über Tbilisi? Vielleicht beginnt es damit, nicht wegzuschauen. Nicht zu schweigen. Und niemals zu fliehen – weder vor der Vergangenheit noch vor der Verantwortung, der nächsten Generation eine Welt zu hinterlassen, in der Freiheit kein Traum bleibt, sondern eine Wehrhaftigkeit, die wir ihnen beibringen müssen. Denn während wir zögern, wächst eine andere Generation mit Parolen auf, die wir nicht mehr ignorieren können.

Diese Kinder in Tbilisi, die mit leichten Stimmen von «Befreiung» sprechen, haben mich wachgerüttelt. Sie haben mir gezeigt, dass Pazifismus, wie ich ihn einst verstanden habe – als Rückzug, als Verweigerung von Gewalt, als Vertrauen auf Worte allein –, nicht ausreicht, wenn eine Ideologie Krieg als Tugend lehrt. Pazifismus, wie er in den Kneipen Frankfurts oder den Reden der Friedensbewegung gepredigt wird, ist ein Privileg, das nur funktioniert, solange andere die Konsequenzen tragen. Aber was, wenn niemand mehr da ist, um für uns zu bluten? Was, wenn die Panzer nicht in Kyjiw, sondern in Berlin stehen? Was, wenn die Sirenen nicht über Mykolajiw heulen, sondern über München?

Ich habe lange geglaubt, Pazifismus sei die Antwort auf die Barbarei der Welt. Ich habe Plakate gemalt, Parolen geschrien und geglaubt, dass Worte die Welt retten könnten. Aber die Ukraine hat mich eines Besseren belehrt.

Ich habe Dymtro gesehen, der nach Jahren der Gefangenschaft überlegt, zur Waffe zu greifen, nicht aus Hass, sondern aus Verantwortung. Ich habe Olena gesehen, die Drohnenangriffe dokumentiert, nicht weil sie Krieg liebt, sondern weil sie weiß, dass Schweigen die Wahrheit tötet. Ich habe Hyäne getroffen, der zwischen Heuballen und Panzern stand und sagte: «Ich bin einfach jemand, der nicht wollte, dass andere für ihn sterben.» Diese Menschen haben mir gezeigt, dass Pazifismus ohne Wehrhaftigkeit ein leeres Versprechen ist – eine Floskel, die sich moralisch rein fühlt, aber die Realität ignoriert.

Ein neuer Pazifismus muss anders sein. Er darf nicht in der Bequemlichkeit verharren, die glaubt, Frieden sei ein Geschenk, das man einfordert. Wie ich zu Beginn schrieb: Pazifismus kommt vom lateinischen *pax* – Frieden – und *facere* – machen. Frieden machen ist kein passiver Akt. Es ist eine Aufgabe, die Mut verlangt, Entschlossenheit, die Bereitschaft, sich dem Unrecht entgegenzustellen, bevor es zur Katastrophe wird. Ein wehrhafter Pazifismus erkennt an, dass Freiheit nicht selbstverständlich ist, sondern verteidigt werden muss – manchmal mit Worten, manchmal mit Taten, manchmal, wenn keine andere Wahl bleibt, mit Waffen.

Pazifismus und Wehrhaftigkeit sind keine Gegensätze, sondern zwei Seiten derselben Verantwortung. Der Pazifist, der in Kyjiw neben einem Soldaten sitzt und Horilka trinkt, ist nicht weniger wehrhaft als der Soldat, der seine Familie am Bahnsteig zurücklässt. Beide kämpfen für dasselbe: eine Welt, in der Kinder lachen können, ohne Angst vor Bomben. Beide wissen, dass Frieden nicht entsteht, indem man wegschaut, sondern indem man handelt – sei es durch das Schreiben eines Berichts, das Hissen einer Flagge oder das Halten einer Stellung.

Dieser neue Pazifismus beginnt nicht an der Front, sondern in den kleinen Entscheidungen: in der Weigerung, Propaganda zu schlucken, wie ich es einst in Frankfurt oder zuhause tat, als ich russische Nachrichten für Wahrheit hielt. Er beginnt in den Schulen, wo wir unsere Kinder nicht nur lehren, Konflikte zu lösen, sondern auch, die Lügen zu erkennen, die Krieg als Tugend verkaufen. Er beginnt in den Redaktionen, wo Journalisten wie Olena die Wahrheit festhalten, auch wenn sie nur 200 Dollar pro Bericht bekommen.

Wehrhaftigkeit ist kein militärischer Begriff. Sie ist eine Haltung, die in den absurdesten Momenten sichtbar wird – in einem Bistro in Isjum, wo ein Soldat mit dem Rufnamen Turbo einen Liter Sex on the Beach bestellt, weil er sich weigert, den Krieg alles schlucken zu lassen. Ich habe sie in den Augen von Hyäne gesehen, der nach Monaten der Gefangenschaft sagt: «Wenn du nicht kämpfst, entscheidet jemand anderes, ob du lebst.» Sie zeigt sich auch in der Geschichte von Rachimschan Koschkarbajew, der eine Flagge unter Beschuss hisste, nicht für Ruhm, sondern weil es getan werden musste.

Ein wehrhafter Pazifismus bedeutet, diese Haltung anzunehmen: die Entschlossenheit, nicht aufzugeben, nicht wegzusehen, nicht zu schweigen. Es bedeutet, die Ukraine zu unterstützen – mit Waffen, mit Geld, mit Worten –, weil ihr Kampf auch unser Kampf ist. Es bedeutet, die Geschichten der Vergessenen zu erzählen, wie die von Koschkarbajew oder meines ukrainischen Uronkels, der mit 17 seinen Pass fälschte, um zu kämpfen. Es bedeutet, den Mut zu haben, sich der Frage zu stellen: «Würde ich kämpfen?» – und eine Antwort zu finden, die nicht aus Angst, sondern aus Verantwortung geboren ist.

Ich denke an die Kinder in Tbilisi, die «die Krim befreien» spielen, und frage mich: Was lernen unsere Kinder? Werden sie wissen, wie man Freiheit schützt, wenn die Sirenen kommen? Werden sie verstehen, dass Frieden nicht bedeutet, sich zu verstecken, sondern sich zu zeigen – in den kleinen Taten, in den großen Entscheidungen, in der Bereitschaft, für etwas Größeres einzustehen?

Die Sommersonne über Tbilisi ist längst untergegangen, aber die Bilder der Kinder bleiben. Ihre Stimmen, ihre Spiele, ihre Parolen sind ein Mahnmal: Während wir zögern, wächst eine Generation heran, die Krieg als Normalität sieht. Wenn wir diesen Kreislauf durchbrechen wollen, brauchen wir einen Pazifismus, der nicht flüstert, sondern handelt. Einen Pazifismus, der nicht nur Frieden fordert, sondern ihn verteidigt – mit der Klarheit, dass Freiheit ein Preis ist, der immer wieder bezahlt werden muss. Wir brauchen einen wehrhaften Pazifismus.

Ich will nicht, dass meine Kinder in einer Welt aufwachsen, in der sie lernen, wie man «befreit». Ich will, dass sie lernen, wie man schützt – nicht nur sich selbst, sondern die Idee einer Welt, in der niemand unter Besatzung leben muss. Dafür müssen wir jetzt handeln: die Ukraine unterstützen, die Wahrheit erzählen, die Lügen entlarven. Dafür müssen wir wehrhaft sein – nicht aus Liebe zum Krieg, sondern aus Liebe zum Frieden.

Vielleicht ist das die Antwort auf die Frage, die mich seit Beginn des Krieges begleitet: *Würde ich kämpfen?*

Ich glaube, ja. Nicht, weil ich mich für besonders mutig halte – sondern weil ich weiß, was auf dem Spiel steht. Meine Eltern sind einst aus einem autoritären System gegangen, mit der Hoffnung, dass ihre Kinder in Freiheit leben können. Heute wird ein hybrider Krieg gegen die EU, gegen Deutschland und ein richtiger gegen die Ukraine geführt. Das ist nicht nur ein Angriff auf Staaten – sondern auf genau diese Hoffnung.

Die Europäische Union ist, bei all ihren Widersprüchen, die letzte Bastion unserer Freiheit. Kein abgeschlossenes Projekt, sondern ein Versprechen: dass wir mitgestalten dürfen. Dass wir streiten dürfen. Dass wir uns einmischen dürfen. Wer draußen steht, hat dieses Privileg nicht.

Ich werde nicht fliehen. Nicht vor der Verantwortung. Nicht vor der Wahrheit. Und nicht vor der Frage selbst. Denn ich habe zu oft erlebt, was es heißt, wenn niemand sich wehrt.

Vielleicht beginnt genau hier die Antwort. Nicht mit Waffen in der Hand, sondern mit Klarheit im Kopf. Mit dem Mut, das eigene Wegsehen zu hinterfragen – und der Bereitschaft, für etwas einzustehen, was einem wichtig ist.

Denn ein wehrhafter Pazifismus beginnt genau hier: mit der Bereitschaft, sich dem zu stellen – den Kindern in Tbilisi, den Soldaten in der Ukraine, den eigenen Ängsten. Und mit der Entschlossenheit, eine Welt zu hinterlassen, in der das Lachen unserer Kinder nicht von Sirenen übertönt wird.

Dafür streite ich.

Dafür würde ich kämpfen.

Manchmal denke ich noch an diesen Albtraum. An Berlin unter Besatzung. An die Stille in der Friedrichstraße. An die Filtrationslager. An die Gruben, die in der Stadt ausgehoben werde, und ich hoffe, dass wir nie so weit kommen. Aber hoffen reicht nicht mehr. Wir müssen für unsere Hoffnung und unsere Worte einstehen.

Danksagung

Ich danke allen, die für eine gerechtere Welt kämpfen – nicht mit Parolen, sondern mit Taten. Denen, die nicht nur reden, sondern handeln. All den Deutschen und Europäern, die ich in der Ukraine getroffen habe – mutige, entschlossene Menschen mit einem kompromisslosen Sinn für Verantwortung. Ihr Einsatz ist kein Zufall, sondern ein Bekenntnis. Für eine freie Zukunft. Für ein Europa, das nicht wegsieht.

Mein besonderer Dank gilt der linken, antifaschistischen Gruppe *RadicalAidForce*, die mit ihrer Arbeit an der Front zeigt, was gelebte Solidarität bedeutet: Einsatz für Gerechtigkeit, Freiheit und Menschenwürde – jenseits aller ideologischen Grenzen. Воля або смерть – Freiheit oder Tod.

Ich danke auch allen, die mich bei der Arbeit an diesem Buch begleitet haben – besonders Rebekka Wiese und Katharina Koerth, die frühe Kapitel gelesen, kluge Fragen gestellt und mich mit ihren Hinweisen herausgefordert haben. Ihr Blick hat geschärft, ihr Zweifel mich weitergebracht. Mein Dank gilt auch Anna Zhukovets und Marta Zamira Ahmedov für ihre informativen Beiträge, ihre Ideen, ihren Mut zum Widerspruch – und ihre Freundschaft. Dieses Buch wäre ohne euch nicht das, was es heute ist.

Ein besonderer Dank geht an Anna Zhukovets auch für

mein Autorenfoto. Es entstand am 24. September 2021 in ihrer Heimatstadt Mariupol – drei Monate vor der russischen Invasion.